Das Einmaleins der Zufriedenheit

Glücklich sein und bleiben

Jessica Wilker

Das Einmaleins der Zufriedenheit

Glücklich sein und bleiben

Theseus Verlag

Theseus im Internet: www.Theseus-Verlag.de

Bibliografische Information Der Deutschen Bibliothek
Die Deutsche Bibliothek verzeichnet diese Publikation
in der Deutschen Nationalbibliografie;
detaillierte bibliografische Daten sind im Internet über
http://dnb.ddb.de abrufbar.

ISBN 978-3-89620-330-4

Originalausgabe

Umschlaggestaltung: Morian & Bayer-Eynck, Coesfeld,
www.mbedesign.de unter Verwendung eines Fotos © Hildegard Morian
Lektorat: Claudia Seele-Nyima
Gestaltung und Satz: Ingeburg Zoschke, Berlin
Druck und Bindung: Clausen & Bosse, Leck
Printed in Germany

Gedruckt auf alterungsbeständigem Papier mit
chlorfrei gebleichtem Zellstoff.

Inhaltsverzeichnis

Danksagung

Dieses Buch entstand nicht im Alleingang – ich habe von vielen Seiten Unterstützung, Hilfe und Inspiration erhalten. Dafür möchte ich hier meinen Dank aussprechen.

Ich danke Frau Ursula Richard vom Theseus Verlag für ihre langjährige Unterstützung. Mein Dank gilt auch Dr. Beatrice Kunovits-Vogt, die das Manuskript mit fachkundigem Blick genau geprüft und liebevoll kritisiert hat; Franziska Joder und Monika Hurni, die sich mir als »Vorkosterinnen« zur Verfügung gestellt und geduldig immer wieder getestet haben, ob der Text goutierbar sei; Wayne Sutherland für alles, was er mir über das Schreiben beigebracht hat, und meinem Mann, der mir Zufriedenheit vorlebt.

Vorwort

Befasst man sich mit der buddhistischen Lehre, fällt bald auf, wie viele numerische Aufzählungen und Systematisierungen darin vorkommen. Immer wieder stößt man auf Zahlen – angefangen bei den vier grundsätzlichen Wahrheiten über den achtfachen Pfad bis hin zu differenzierten Aufzählungen, wie zum Beispiel die der 52 Geistesfaktoren. Der Buddha hat die Daseinsformen der Dinge systematisch klassifiziert und die geistigen Aufgaben, die er gestellt hat, in nummerierten Schritten beschrieben.

Auf den ersten Blick können diese vielen Zahlensysteme verwirrend wirken, ja, sie lassen die Buddhalehre gar als äußerst kompliziert erscheinen. Eigentlich sind die Systematisierungen aber ein Zeichen dafür, wie gründlich die Lehre ist. Buddha beließ es nicht nur bei Anweisungen, wie zum Beispiel: »Seid achtsam«, sondern er erklärte Schritt für Schritt, wie seine Anweisungen praktisch umgesetzt werden können. Dabei bezog er Geistiges und Körperliches mit ein. Gedanken, Gefühle, Wort und Tat – alles wurde von ihm beachtet. Die buddhistische Lehre wird dadurch zwar sehr komplex, gleichzeitig kann sie jedoch kaum als ein abgehobenes theoretisches System bezeichnet werden, sondern eher als eine lebensnahe, praktische und gründliche Geistesschulung.

Das »Einmaleins der Zufriedenheit« nun wurde in diesem Sinne verfasst. Zum einen beruft es sich auf die buddhistische Lehre, und zweitens wird sein Thema, die Zufriedenheit, systematisch, gründlich und praxisbezogen behandelt. Zahlen kommen natürlich ebenfalls vor – wie schon im Titel dieses Buches!

Was hingegen nicht systematisch abgehandelt wird, sind die buddhistischen Prinzipien, auf denen es beruht. Sie werden nicht einmal immer ausdrücklich erwähnt. Im »Einmaleins der Zufriedenheit« findet sich keine theoretische Darlegung der Buddhadoktrin. Es wird einzig die praktische Umsetzung bestimmter Aspekte beschrieben.

Konkret hat dieses Buch zum Ziel, seinen Leserinnen und Lesern einen praktischen Zugang zur Zufriedenheit zu verschaffen. Dabei soll es aber nicht beim einmaligen Glückstreffer bleiben. Zufriedenheit zu *finden* ist schließlich nur der Anfang, zufrieden *bleiben* zu können hingegen das Ziel. Deshalb erhalten die Leser nicht nur Hinweise, wie sie Zufriedenheit erwecken können, sondern auch, wie sie gefestigt und wie verhindert werden kann, dass sie sich wieder verflüchtigt. Die Leserinnen und Leser werden, mit anderen Worten, anhand der buddhistischen »vier rechten Anstrengungen«[1] (*sāmma-padhāna*) durch den Prozess geführt. In drei Teilen wird erörtert, welcher Geisteszustand Zufriedenheit herbeiführt und wie das Zufriedensein erhalten werden kann; ebenso wie unzufriedene Zustände vermieden und überwunden werden können. Zusätzlich werden zu jedem Schritt praktische Tipps angeboten, die im Alltag umsetzbar sind. Diese stammen zum Teil aus der Buddhalehre, zum Teil aus der Psychologie.

Einleitung

»Ach«, sprach er, »die größte Freud,
ist doch die Zufriedenheit.«

Wilhelm Busch

Hätten Sie gerne mehr Befriedigung in Ihrem Leben? Oder möchten Sie ganz allgemein wissen, wie man zufrieden werden kann? Im »Einmaleins der Zufriedenheit« wird die Auffassung vertreten, dass Zufriedenheit eine innere Insel des Friedens und der Freude ist. Sind wir dort, fällt Spannung von uns ab, und Harmonie und Gelassenheit entfalten sich.

Erlauben Sie sich selten, zufrieden zu sein? Beurteilen Sie sich zum Beispiel streng und kritisch? Fällt es Ihnen schwer, sich zu loben? Lassen Sie kaum etwas als Erfolg gelten? Sind Sie womöglich schlechthin unzufrieden? Unzufrieden mit Ihrem Beruf? Ihrem Aussehen? Ihrer Beziehung? Ihrem Lebensstil?

Dieses Buch kann Ihnen dazu verhelfen, der Unzufriedenheit zu entkommen. Es wird Ihnen ermöglichen, Zufriedenheit zu finden und sie zu vermehren. Es will Sie dabei unterstützen, unrealistische Erwartungen, zu hohe Ansprüche und kränkende Selbstkritik loszuwerden. Es versucht Ihnen aufzuzeigen, wie Sie Wohlbefinden sogar in solchen Lebensumständen erreichen können, die nicht ideal sind und Defizite aufweisen. Ja, es möchte Ihnen erschließen, wie Sie sich freuen können, auch ohne vom Glück begünstigt zu sein.

Die Hilfe und die Anregungen, die Ihnen das »Einmaleins der Zufriedenheit« anbietet, kommen in der Form von »Geist-Rezepten«. In diesen finden Sie Angaben über die nötigen geistigen

Zutaten, die für einen zufriedenen Zustand erforderlich sind, und die Beschreibung, wo sie zu finden und wie sie zu verarbeiten sind. Dass diese »Rezepte« Schmackhaftes hervorbringen – dass, anders ausgedrückt, Zufriedensein ein erfreulicher Zustand ist –, das können Sie als gegeben annehmen, ja, die wohltuende Wirkung von Zufriedenheit wird hier vorausgesetzt.

Welche ganz konkreten Vorzüge die Zufriedenheit aufweist, das wird Ihnen im Verlauf des Buches ausführlich beschrieben. So werden Sie zum Beispiel erfahren, dass Nörgeln und Hadern dank ihr enden. Es wird Ihnen geschildert, wie wir uns im zufriedenen Zustand über das freuen können, was ist. Sie werden lernen, dass wir uns trotz unserer Fehler und Schwächen Lob und Anerkennung gönnen können, ja, dass wir das Suchen nach etwas anderem oder Besserem sein lassen können.

Sie werden also immer wieder hören, dass Zufriedenheit uns schätzen lässt, was wir haben. Dass sie uns die Kraft gibt, aus allem das Beste zu machen, dass sie uns vor Bitterkeit schützt, vor Hoffnungslosigkeit und Verzweiflung. Und dass sie uns nicht zuletzt hilft, verständnisvolle, gelassene und heitere Menschen zu werden.

Was demzufolge im »Einmaleins der Zufriedenheit« auf Sie wartet, ist ein Loblied auf die Zufriedenheit. Nicht nur wird Ihnen Schritt für Schritt aufgezeigt, wie Sie sie erreichen können, nein, Seite um Seite wird ihre heilsame Wirkung gewürdigt.

Bei diesen Lobpreisungen nun aber – das möchte ich Ihnen nicht verheimlichen – wird das Glück nicht miteinbezogen. Der Zufriedenheit wird die ganze Aufmerksamkeit gewidmet. Einzig sie wird gerühmt. Sie anzustreben, so wird gar behauptet, sei lohnenswerter, als das Glück zu suchen.

Mit dieser Auffassung indessen liegt das vorliegende Buch nicht im »Trend« – auch das möchte ich Ihnen nicht verschweigen. Ich bin mir darüber im Klaren, dass es üblicher und gebräuchlicher ist, das Glück über die Zufriedenheit zu stellen, ja, dass es normalerweise den ersten Platz auf der Wunschliste einnimmt.

Wohl die meisten von uns würden, hätten wir die Wahl zwischen »glücklich sein« oder »zufrieden sein«, das Erstere vorziehen. Sind wir nämlich glücklich, vibrieren wir vor Lebendigkeit, sind erfüllt von freudiger Energie und zu großen Taten bereit. In der Zufriedenheit hingegen geht's eher gemütlich und behaglich zu. Im Gegensatz zum Glück wirkt sie etwas langweilig, lauwarm und farblos. Es fehlt ihr an Feuer und an Intensität: Sie lässt unser Herz nicht höher schlagen, und unsere Augen glänzen nicht; sie bringt keinen Jubel und führt nicht zu überschäumender Begeisterung. Die Zufriedenheit ist so prosaisch wie das Glück poetisch – wie wohlig es uns in ihr auch ist, in den siebten Himmel gelangen wir mit ihr bestimmt nicht.

Im Vergleich zum Glück hat die Zufriedenheit fraglos die weniger augenfällig attraktiven Qualitäten. Außerdem ist sie mit Vorurteilen belastet, was ein Weiteres dazu beiträgt, dass ihr Ansehen angeschlagen ist, sie sozusagen kein so gutes »Image« vorweisen kann. Zufrieden sein wird nämlich oft verwechselt mit Selbstgefälligkeit und Bequemlichkeit. »Selbstlob stinkt«, wird den Zufriedenen vorgeworfen, und sie werden davor gewarnt, sich auf ihren Lorbeeren auszuruhen. Denn wer zufrieden sei – so wird verurteilt –, höre auf, sich zu bemühen, strenge sich nicht mehr an und bleibe stehen. Was es noch zu verbessern gebe, so die vorherrschende Meinung, interessiere die Zufriedenen nicht. Kurz gesagt, wird Zufriedenheit oft als etwas wahrgenommen, das Menschen an ihrem Weiterkommen hindert und ihr Wirken bremst. Sie wird in Zusammenhang gebracht mit »wohl oder übel«, mit »sich abfinden« und resignieren.

Mit einem solch niedrigen Prestige ist es nicht erstaunlich, dass Zufriedenheit in unserer Zielhierarchie nicht zuoberst steht. Und weil sie zudem von Natur aus eher bescheiden und besonnen ist und sich tatsächlich nicht so lautstark und auffällig zur

Schau stellt wie das Glück – sozusagen keine Werbung für sich betreibt –, kann es leicht geschehen, dass sie nicht nur übersehen und übergangen wird, sondern dass auch ihr wahrer Wert verkannt bleibt.

Das allerdings ist zu bedauern. Wirklich schade! Die Zufriedenheit hätte ja so viel zu bieten. Man muss Wunderbares verpassen, lässt man sich von ihrem Äußeren täuschen und unterschätzt ihren wahren Wert.

Das nun zu verhindern – genau dafür setzt sich das »Einmaleins der Zufriedenheit« ein. Deshalb wirbt es für die Zufriedenheit. Denn schließlich möchte es, dass gerade Sie, liebe Leserinnen und Leser, das wunderbar Wohltuende des Zufriedenseins erfahren können.

Erster Teil

Wie kann man Zufriedenheit finden?

In der Einleitung zu diesem Buch kündigte ich Ihnen an, Sie würden Schritt für Schritt zum Zufriedensein geführt. Dieses Versprechen will ich in den folgenden Kapiteln einlösen.

Bevor jedoch die einzelnen Schritte diskutiert werden, wird Ihnen ein Eindruck von dem vermittelt, was Sie auf dem Weg dorthin erwartet. Auf diese Weise können Sie besser einschätzen, worauf Sie sich einlassen.

Beschreiten Sie den Weg zur Zufriedenheit, dürfen Sie damit rechnen, dass Verspannungen sich zu lockern beginnen, dass es häufiger Gelegenheiten zur Freude gibt und Sie vermehrt lachen. Gleichzeitig müssen Sie mit Herausforderungen rechnen. Der Weg ist nicht ausschließlich mit Rosenblüten bestreut – nein, Hindernisse aller Art gibt's ebenfalls.

Diese Hindernisse sind jedoch nicht unüberwindbar. Man kann sie aus dem Weg räumen. Bringt man zum Beispiel in Erfahrung, wo die Fallen liegen, kann man sie umgehen. Informiert man sich, wie das Gelände ist, kann man die nötigen Vorkehrungen treffen. Sind beispielsweise Felshänge zu erwarten, packt man die Kletterausrüstung ein. Weiß man, wo die Schwierigkeiten liegen, kann man sie besser handhaben.

In diesem Sinne will das »Einmaleins der Zufriedenheit« Ihnen helfen. Es möchte Ihnen Hindernisse schon im Voraus aus dem Weg räumen. Deshalb wird es Warntafeln errichten und die geistige Ausrüstung, die Sie benötigen, zusammenstellen. Erst dann wird's losgehen.

1 Bevor es losgeht

Probleme werden dadurch am besten gelöst,
dass man sie erkennt, bevor sie zu Problemen werden.

Joachim Zahn

Vorsicht!

Die Hindernisse und Schwierigkeiten, die auf dem Weg zur Zufriedenheit auftauchen, sind zum Teil in den äußeren Bedingungen begründet, die unser Leben beeinflussen. Zufrieden zu sein ist etwas, das von unserer Gesellschaft erschwert wird – mitunter versucht sie sogar, es zu unterbinden.

Indem sie uns auf Konsum trimmt, hofft sie zu verhindern, dass wir uns mit dem, was wir haben, begnügen. Ständig werden wir aufgestachelt, unsere Genüsse zu steigern. Täglich wird uns noch Besseres unter die Nase gehalten. Immer wieder werden wir in Versuchung geführt, uns zu holen, was mehr Befriedigung zu versprechen scheint. Die Konsumgesellschaft hält uns auf Trab und lässt uns nicht zur Ruhe kommen. Leicht kann es so geschehen, dass uns der Sinn nicht nach Zufriedenheit steht oder dass wir die wunschlose und befriedigte Atmosphäre der Zufriedenheit sogar verpassen.

Doch hält uns nicht nur die Ausrichtung auf Konsum in Anspannung – wir werden auch dadurch unter Druck gesetzt, dass unsere Gesellschaft so sehr auf Leistung und Erfolg getrimmt ist. Wie können wir uns entspannen, wenn wir ständig im Wettbewerb stehen? Wenn wir gezwungen sind, mehr zu erreichen als die Konkurrenz? Wie können wir etwas genug sein lassen, wenn Anerkennung und Sieg nur denjenigen winken, die sich den höchstmöglichen Anforderungen stellen und diese erfüllen? In einem solchen Klima ist es schwer, sich mit einer Leistung zufriedenzugeben, die noch gesteigert werden könnte. Was nicht perfekt ist, was noch Schwächen hat oder Fehler aufweist, das darf uns nicht zufriedenstellen. Wollen wir dem Erfolg nicht entsagen, sind wir gezwungen, die Zufriedenheit zu opfern.

Der gesellschaftliche Anspruch auf höchste Leistung bringt nicht zuletzt die Gefahr mit sich, dass er auf den Umgang mit uns selbst abfärbt. Wir beginnen, uns selbst unter Druck zu setzen. Wir stellen unrealistische Anforderungen – verlangen zum Beispiel von uns, eine ideale Figur zu haben, über die höchste Intelligenz zu verfügen oder gar fehlerfrei zu sein und alles zu können. So stehen wir mit uns im Unfrieden, statt uns in unserer Haut wohlzufühlen.

Der gesellschaftliche Anspruch auf Konsum und Leistung ist ganz klar eine Gefahr für das Zufriedensein. Also Vorsicht!

Die Ausrüstung

Zusätzlich zu den äußeren Schwierigkeiten, vor denen Sie eben gewarnt wurden, gibt es innere Widerstände, die den Weg zur Zufriedenheit behindern. Diese Widerstände können entstehen, weil wir aufgefordert sind, unseren gewohnten Pfad zu verlassen und einen Richtungswechsel vorzunehmen, der uns vielleicht widerstrebt.

Um nämlich die Spur finden zu können, die zur Zufriedenheit führt, um überhaupt Zugang zu ihr zu erhalten, gilt es, unser gewohntes Verhältnis zum Glück zu überprüfen. Es gilt, den Stellenwert, den wir ihm gewöhnlich geben, zu hinterfragen und das Glück selbst kritisch zu betrachten.

Dass da innere Widerstände auftauchen können, ist verständlich. Glücklich zu sein ist wunderbar, und Glück zu haben ist uns äußerst wichtig. Wieso sollten wir das kritisch prüfen? Das Glück gar bemängeln? Wieso sollten wir uns desillusionieren lassen?

Weil es sich lohnt! Weil die Einsicht, die man durch das kritische Hinsehen gewinnt, Hindernisse überwindet. Weil man dank ihr Schwierigkeiten meistern kann. Weil sie sozusagen die geeignete Ausrüstung ist.

Wieso das so ist; wieso Einsichten über das Glück die geeignete Ausrüstung auf dem Weg zur Zufriedenheit sind – das will ich Ihnen als Nächstes ausführen.

Die Ausrüstung werde ich zuallererst zur Schau stellen – Ihnen, mit anderen Worten, einen allgemeinen Eindruck davon vermitteln, was eine Einsicht über das Glück beinhalten kann. Danach, in einem neuen Kapitel, geht es mit den ausführlichen und detaillierten Ausführungen weiter.

Das perfekte Wohnglück

Ich will Ihnen schildern, wie es zu meiner eigenen »Desillusionierung« in Bezug auf das Glück gekommen ist. Ich kann Ihnen versichern, dass auch mein Widerstand mich lange zurückhielt, das Glück kritisch zu prüfen. Auch ich musste Enttäuschungen erleben, bis ich das Glücklichsein an den Platz stellen konnte, der ihm zusteht. Doch ohne diese Erfahrungen wäre es mir weder gelungen, den Schlüssel zur Zufriedenheit zu finden, noch dieses Buch zu verfassen.

Mit siebzehn Jahren war mir klar, dass ich in meinem Elternhaus nicht glücklich werden konnte. Ich durfte nicht tun und lassen, was ich wollte, und mein größter Wunsch war es deshalb, ein eigenes Zuhause zu finden; einen Ort, wo ich die Freiheit hätte, mich meinen Vorstellungen gemäß zu bewegen; wo ich selbstständig sein könnte. Das, schien mir, würde mich glücklich machen.

Mit achtzehn Jahren wurde mein Wunsch erfüllt. Das Erziehungsheim, in dem ich ein Vorpraktikum für mein Studium absolvierte, bot den Mitarbeitern Mansarden an. Ich ergriff die Gelegenheit und bezog eine. Endlich wohnte ich allein und war frei – endlich konnte ich glücklich werden!

Aber ich wurde es nicht. Die Mansarde lag in der Vorstadt, war winzig, hatte keine rechte Kochgelegenheit und war dadurch ungeeignet, um Besuch zu empfangen. So war ich isoliert, was mich sehr bedrückte. Um wirklich glücklich zu sein, wurde mir klar, musste ich unter Menschen sein. Ich brauchte also eine Wohnung in der Stadt, denn dort hätte ich mehr Platz und wäre mitten im Zentrum des Geschehens – und das würde mich glücklich machen.

Nach einigem Suchen fand ich eine günstige Mietwohnung in der Altstadt. Nun endlich konnte ich Freunde einladen, ja, dank der Wohnlage herrschte ein ständiges Kommen und Gehen, und ich brauchte nur zur Haustüre herauszutreten, um mitten im Trubel zu sein. Ich hatte gefunden, was ich zu meinem Glück brauchte.

Aber wiederum wurde ich nicht glücklich. Die vielen Besucher ließen mich keine Ruhe finden, nie war ich allein. Der ständige Lärm der Stadt stresste mich, und ich sehnte mich nach Stille. Ich musste, wurde mir klar, unter Menschen sein können und doch Ruhe haben. Nur so könnte ich wirklich glücklich sein. Die Stadtwohnung erlaubte mir das nicht, folglich musste ich die Wohnlage wechseln.

Das Angebot meines damaligen Freundes, mit ihm in sein geerbtes Haus auf dem Land zu ziehen, kam gerade zur rechten Zeit. Die Entscheidung anzunehmen fiel mir nicht schwer, und wir zogen zusammen.

Ich schwebte im siebten Himmel! Das Haus war geräumig und gemütlich, und von jedem Fenster hatte man einen wunderbaren Blick auf Äcker und Wald. Ich hatte meine Ruhe, war aber doch nie allein. Ich hatte das große Los gezogen – mein Glück war perfekt.

Aber wiederum wurde ich nicht glücklich. Das Zusammenleben strapazierte die Beziehung zwischen meinem Freund und mir. Es wurde klar, dass wir ganz verschiedene Ansprüche an das Leben hatten. Wir begannen zu streiten. Das perfekte Haus in der perfekten Lage füllte sich mit Ärger und Trauer. Schließlich zog ich aus.

Nicht einmal das perfekte Wohnen hatte mich glücklich machen können. Dies war eine bittere Erfahrung und eine ebenso bittere Lehre. Ich musste akzeptieren, dass äußere Bedingungen kein Glück garantieren können, dass es zum Scheitern verurteilt war, würde ich mein Glücklichsein von ihnen abhängig machen. Unangenehmes und Unbefriedigendes, musste ich mir eingestehen, konnte ich nicht durch äußere Bedingungen, nicht einmal durch perfekte, verhindern. Genauso wenig, wie ich Leiden dadurch ausschalten konnte, dass ich alle Anlässe und Gelegenheiten dafür beseitigte.

Ich musste, kurz gesagt, meine Illusionen über das Glück loslassen – dies hingegen brachte mir eine gewisse Klarsicht. Wo ich nun hinblickte, bestätigte sich mein neues Wissen: Ich sah Menschen, die sich materiell alles leisten konnten und an Krebs erkrankten; solche, die ihre große Liebe gefunden hatten und von ihr verlassen wurden; solche, deren Wunschkind drogensüchtig wurde. Ich sah Schönheiten, die Kummer hatten, Erfolgreiche, die sich sorgten, und Mächtige voller Angst. Was so viele zu besitzen wünschten – das konnte ich jetzt erkennen –, schützte diejenigen, die es hatten, nicht vor dem Leiden. Angenehmes zu besitzen war augenscheinlich keine Garantie fürs Glücklichsein. Ich wusste nun, dass ich mich nicht auf Dinge stützen sollte, die keine wirkliche Stütze sind, und so begann meine Suche, die mich vom Äußeren zum Inneren und zur Zufriedenheit führte.

2 Das Streben nach dem Glück

So manche Wahrheit ging von einem Irrtum aus.

Marie von Ebner-Eschenbach

Nachdem Ihnen das Beispiel des »perfekten Wohnglücks« veranschaulicht hat, was eine Einsicht über das Glück beinhalten kann, wird nun das Verhältnis, das wir Menschen zum Glück haben, einer kritischen Prüfung unterzogen. Es soll demonstriert werden, wie das Wissen, welches aus der Hinterfragung gewonnen wird, den Zugang zur Zufriedenheit eröffnet.

Wir Menschen haben gemeinsam, dass wir gerne glücklich sind. Glücksgefühle sind etwas Herrliches, das empfinden wir alle so. Und wir alle möchten Glück haben. In welcher Form es auch immer kommt, ob wir zum Beispiel geliebt werden oder wir Erfolg haben; ob uns etwas geschenkt wird oder wir etwas gewinnen: Glück zu erleben tut uns gut.

Gemeinsam ist uns Menschen ebenfalls, dass wir nicht gerne leiden. Niemand möchte Pech haben, niemand wünscht sich Misserfolge oder Verluste. Wir alle möchten Schmerzen und Kummer vermeiden, möchten keine Sorgen haben, keine Enttäuschungen erleben, möchten nicht niedergeschlagen oder verzweifelt sein müssen.

Glück zu erhalten und Leiden zu vermeiden – dieser Wunsch ist einer der stärksten menschlichen Motivationsfaktoren. Dafür strengen wir uns an, darauf hoffen wir, das wünschen wir uns. Nach dem Glück zu streben gehört zum Menschsein.

Es ist ebenfalls menschlich, den Schluss zu ziehen, da Glück uns gut tue, könne es uns vor dem Leiden bewahren; zu folgern, dass wir glücklich werden müssen, um dem Leiden zu entkommen; zu meinen, die Leiden würden verschwinden, wenn wir Glück finden.

Doch diese Schlussfolgerung ist ein Irrtum – wobei Irren ja auch menschlich ist. Mitunter sind wir eben närrisch, und so möchte ich Ihnen an dieser Stelle eine kleine Narrengeschichte erzählen, die den Irrtum veranschaulicht:

Ein Narr läuft eines Abends unter einer Straßenlaterne auf und ab, den Blick auf den Boden geheftet. Ein Spaziergänger tritt hinzu und fragt: »Suchst du etwas?«

»Ja«, antwortet der Narr, »ich habe meinen Schlüsselbund verloren.«

»Wo hast du ihn denn verloren?«

»Dort drüben an der Ecke.«

»Ja, warum suchst du ihn denn hier?«, ruft der Spaziergänger verwundert.

»Dumme Frage«, entgegnet der Narr, »dort drüben ist's dunkel, da kann man nichts sehen!«

Im Licht und Glanz des Glücks finden wir die Leidensbefreiung nicht. Das anzunehmen ist närrisch. Das Glück vermag uns weder vor Schmerzlichem zu bewahren noch es zu verbannen oder auszurotten. Finden wir Glück, verschwinden die Leiden nicht. Sie bleiben in unserem Leben.

Denken wir nur an unsere körperlichen Schmerzen, von den Wehwehchen bis hin zu den Krankheiten, die wir erleiden müssen. Denken wir an die kleinen Ungerechtigkeiten, die uns angetan werden, beispielsweise wenn schlecht über uns geredet wird oder wir übergangen und andere bevorzugt werden. Denken wir an die Unfreundlichkeiten, die Fremde uns entgegenbringen, an die kleinen Reibereien und Ärgernisse in unseren Beziehungen.

Denken wir an die Trauer beim Tod geliebter Menschen, und denken wir nicht zuletzt daran, dass unser eigener Tod unausweichlich ist. Wie viel Glück wir auch erreicht haben, wie glücklich wir auch sein können – Unangenehmes müssen wir trotzdem erleiden.

Heißt das nun, dass die Lage düster ist? Dass es sowieso keinen Zweck hat? Müssen wir die Hoffnung aufgeben? Ist dies die Schlussfolgerung, die wir ziehen müssen? Oder eher die, dass wir das Leiden ignorieren sollen? Sollen wir den Kopf in den Sand stecken, um mit allem Unbefriedigenden nichts zu tun haben zu müssen? Oder ist es angesagt, uns mit Lustgefühlen und Spaß zu trösten? So viel Glück wie möglich an uns zu raffen?

Keine dieser Schlussfolgerungen bietet eine nützliche Lösung. Weder mit Pessimismus noch mit blindem Optimismus findet man den Weg zur Minderung von Enttäuschung und Schmerzen. Erst eine realistische Einschätzung der Situation versetzt uns in die Lage, ihn zu erkennen. Nur Wissensklarheit erlaubt zu sehen, wo das Leiden vermeidbar ist. Erst mit einen objektiven Blick findet man die tauglichen Mittel zur Handhabung von Glück und Unglück.

Das Leiden zu überwinden – das gelingt durch das Erkennen der wirklichen Natur der Dinge. Diesen Schluss zu ziehen bringt uns weiter. So müssen wir nicht länger am falschen Ort suchen, müssen wir nicht vergebens unter der Straßenlaterne auf und ab laufen …

Lassen Sie uns deshalb das Licht des Wissens auf das Glück richten und seine wahre Natur erhellen.

Die wahre Natur des Glücks

Unzulänglichkeit

> *Das Glück ist eine leichtfertige Person,*
> *die sich stark schminkt und von ferne*
> *schön ist.*
>
> Johann Nepomuk Nestroy

Wir alle kennen es: Wir wünschen uns etwas, und es kommt einfach nicht. Die Million im Lotto zum Beispiel. Das Heim im Süden. Eine Entschuldigung. Eine Liebeserklärung. Sonnenschein. Schneefall. Herzenswünsche werden uns nicht immer erfüllt. Wir haben mitunter kein Glück.

Glück, das uns zuteil wird, verlässt uns wieder – auch das kennen wir alle. Etwas Liebes zum Beispiel geht uns verloren. Oder wir werden krank. Oder man ersetzt uns, oder man enthebt uns unserer Macht. Glück kann uns im Stich lassen.

Glück kann uns auch unglücklich machen, uns Schmerzen zufügen. Es nicht halten zu können, zum Beispiel, frustriert uns, lässt uns hadern, macht uns verbittert. Keine Sicherheit über sein Verbleiben zu haben versetzt uns in Angst – wir fühlen uns ohnmächtig angesichts dieser Ungewissheit.

Und schließlich verwandelt sich das Glück manchmal ins Gegenteil und wird leidhaft. Wir alle haben schon erlebt, wie ein wunderbares Glücksgefühl zur Gewohnheit wird, schal zu schmecken beginnt und schlussendlich ganz ungenießbar wird.

Kurz und gut: Wie angenehm und schön Glück auch ist, es kann uns genauso enttäuschen. So will ich Klartext sprechen: Das Glück ist kein sicherer Wert. Mit ihm kann man nicht rechnen. Es ist launisch, unberechenbar und nicht verlässlich. Es trifft ein und bleibt aus, fällt uns zu und verlässt uns wieder – es kommt und geht nach eigenen Gesetzen. Wir haben keine Kontrolle darüber. Und, was am Enttäuschendsten ist: Es kann uns unglücklich machen. Sogar unser heiß geliebtes und begehrtes Glück bringt Leiden.

Glück ist unzulänglich.

Vergänglichkeit

Es gibt zwar ein großes Glück, aber kein langes.

Friedrich Nietzsche

Alles, was entsteht, muss wieder vergehen – dies ist ein unumstößliches Naturgesetz. Alles ist in permanentem Fluss, alles ist in jedem Augenblick im Vergehen begriffen oder bereits dem neuen Werden zugeordnet. Jeder Moment des Daseins, jeder Zustand, jedes Gefühl, jeder Gedanke ist nur eine Station zwischen zwei Zustandsformen auf dem Wege zur Wandlung.

Auch wenn mancher Wandel fast unmerklich vor sich geht und manches Vergehen Tausende von Jahren dauert, so bleibt doch nichts, wie es ist – nichts ist unwandelbar, auch unser Glück nicht. Es untersteht dem Gesetz der Vergänglichkeit genauso wie alles auf dieser Welt. Es ist flüchtig. Es kommt, ist da und vergeht wieder.

Ist es nicht gerade das, was uns so sehr schmerzt? Ja, wurzelt nicht »gerade in diesem Vergehen alles Leiden, aller Kummer und aller Schmerz, aller Gram und Jammer, alle Sorge und Verzweiflung? Die Vergänglichkeit des Glücks, der Jugend und Schönheit, der Lust und Freude, der Befriedigung und des Wohlseins, das empfinden wir in allererster Linie als Leiden, ganz abgesehen von der Vergänglichkeit des eigenen Daseins. .... So steckt in jeder

Freude und in jedem Lustgefühl der Stachel der Vergänglichkeit, der das Leben immer wieder in Leiden wandelt.«[2]

Vergeblich ist die Hoffnung auf ewiges Glück, vergeblich der Wunsch nach dauerhafter Befriedigung. Der Stachel steckt fest.

Vergänglichkeit ist die wahre Natur des Glücks.

Wissensklarheit

Wer ständig glücklich sein möchte,
muss sich oft verändern.

KONFUZIUS

In Anbetracht der wahren Natur des Glücks scheint es eine vernünftige Idee zu sein, sich nicht allzu sehr darauf zu stützen. Es ist sinnvoll, ihm nicht blind zu vertrauen, und es ist durchaus berechtigt, es zu hinterfragen.

Auch wenn dieses Hinterfragen eine gewisse Desillusionierung nach sich zieht. Auch wenn wir uns überwinden müssen, den Glauben an das Glück einzuschränken. Auch wenn es uns Mühe macht, das Glücklichsein neu einzustufen. Trotz der Anstrengung, die es uns abfordert, das »Programm Glücksstreben« umzuschalten. Denn – so versichere ich Ihnen – die Anstrengung lohnt sich. Man kann mehr gewinnen als verlieren. Viel mehr!

Hebt man die Illusionen über das Glück auf, gewinnt man einen realistischen Blick auf das Leben und seine Möglichkeiten – und natürlich ein klares Wissen darüber, was Glück kann und was nicht. So wird man von der vergeblichen Mühe erlöst, im Glück das zu suchen, was dort nicht zu finden ist. Man kennt jetzt die Wahrheit.

Das Leben beugt sich unseren Vorlieben nicht; das haben wir verstanden. Wenn wir uns gegen den Lauf der Welt stemmen, das sehen wir ebenfalls klar, dann wird sie uns einfach überrollen. So geben wir den Versuch auf, die Welt und das Leben unseren eigenen Wünschen anpassen zu wollen. Stattdessen passen wir uns selbst an.

Indem man sich der Wirklichkeit anpasst, statt zu versuchen, sie zu manipulieren, hat man eine chancenreiche Strategie gewählt. Denn, wie es der indische Meister Shantideva auf originelle Weise beschreibt: »Willst du deine Füße vor den schroffen Felsen und spitzen Dornen schützen, dann musst du nicht den ganzen Himalaja mit Leder überziehen; es reicht, wenn du dir ein paar Schuhe machst.«[3]

Vom Streben befreit

> *Ein Zufriedener braucht kein Glück.*
> *Er hat es bereits.*
>
> Ernst Ferstl

Mit Wissensklarheit, wie gesehen wurde, haben wir das richtige Schuhwerk gewählt und laufen mit sicherem Tritt. Unser Wissen schützt und führt uns. Dank ihm werden wir vor falschen Erwartungen bewahrt, sind wir geschützt gegen die Verlockung von Wunschträumen. Bei Gefahren sind wir gewappnet, wir verfangen uns nicht mehr im Netz täuschender Hoffnungen, trügerischer Illusionen und falscher Ziele.

Unter der Führung unseres Klarblicks setzen wir nicht mehr auf das Vorhandensein von Glück. Wir sind nicht mehr darauf angewiesen, Glück zu haben, um nicht leiden zu müssen. Wir sind fähig geworden, uns über die Wechselfälle des Lebens zu erheben.

Und so können wir uns glücklich fühlen, auch wenn wir kein Glück haben. Wir können uns freuen und lachen – trotz des Unangenehmen, das wir erdulden müssen. Wir haben, mit anderen Worten, den Zugang zur Zufriedenheit gefunden!

3 Der Weg zur Zufriedenheit

Hebt man das Unwissen über die wahre Natur des Glücks auf, so lautet die gute Nachricht, die am Ende des vorherigen Kapitels verkündet wurde, findet man dafür den Zugang zur Zufriedenheit. Doch allein mit der Verkündung dieser Botschaft ist es noch nicht getan, ja, sie zu empfangen scheint erst der Anfang zu sein. Zu viele Fragen stehen noch offen: Wie, zum Beispiel, lässt sich die Zufriedenheit nun, da der Zugang gefunden wurde, tatsächlich erreichen? Was wird dazu benötigt? Wie äußert sich das Zufriedensein überhaupt?

In den folgenden Kapiteln werden diese Fragen eine nach der anderen geklärt.

Als Erstes wird geschildert, wie sich die Zufriedenheit äußert und welche Eigenschaften sie hat.

Danach untersuchen wir, was konkret unternommen werden muss, um sie erreichen zu können – dabei wird die praktische Umsetzung Schritt für Schritt beschrieben.

Am Schluss des ersten Teils angekommen, sind Sie mit dem nötigen Rüstzeug ausgestattet, um sich selbst auf den Weg zu machen und fündig zu werden.

Die Zufriedenheit stellt sich vor

Das Leben ist bezaubernd,
man muss es nur durch die richtige Brille ansehen.

Alexandre Dumas

Ich will damit beginnen, die Zufriedenheit sozusagen »in action« vorzustellen. Zu sehen, wie sie sich äußert, kann nämlich die Frage klären, welche Eigenschaften sie hat. Doch genug der Erklärungen – Bühne frei für die Zufriedenheit!

Die Ferienreise der Freundinnen

Das Stück, in dem die Zufriedenheit in Aktion treten wird, habe ich aus dem Leben gegriffen und für »die Bühne« bearbeitet. Zwei Figuren kommen darin vor, die je eine andere Haltung verkörpern. Welche davon die Zufriedenheit darstellt, das werden Sie bestimmt ohne Weiteres erkennen können.

Konkret handelt es von Frau Irene F. und Frau Erika D., zwei langjährigen Freundinnen, die zusammen ohne Ehemänner und Kinder Urlaub machen wollen. Sie haben geplant, mit dem Wohnmobil durch Frankreich zu fahren. Wenn der Vorhang sich hebt, sieht die Szene folgendermaßen aus:

Frühmorgens waren die beiden Frauen von zu Hause abgereist und hatten abwechselnd den ganzen Vormittag hinter dem Steuer gesessen. Um mehr von der Landschaft zu sehen, waren sie am Nachmittag von der Autobahn abgebogen und auf kleineren Straßen weitergefahren. Dadurch hatte es länger als geplant gedauert, bis sie in die Stadt kamen, in der sie die erste Nacht verbringen wollten.

Beide waren nun müde und froh, es sich bald im Wohnmobil gemütlich machen zu können. Irene hatte den Reiseführer auf den

Knien und gab Erika die nötigen Richtungsanweisungen, die sie schließlich zum gewünschten Campingplatz führten.

Die Zufahrt war eng, Erika musste ein schwieriges Manöver einlegen, um durch die offene Barriere zur Rezeption zu gelangen. Irene stieg aus und gab der Empfangsdame zu verstehen, dass sie für eine Nacht hierbleiben wollten.

»Sie sind im Club?«, fragte die Dame, und blickte auf eine Liste in ihrer Hand.

»Club?« Irene schüttelte den Kopf. »Wir sind in keinem Club.«

»Dann können Sie leider nicht bleiben«, sagte die Dame und lächelte entschuldigend.

Erika beobachtete, wie Irene aufgeregt mit den Armen fuchtelte, als die Dame den Kopf schüttelte.

»Was ist?«, fragte sie, als Irene die Türe des Wohnmobils aufriss.

»Wir sitzen in der Tinte! Der ganze Zeltplatz ist an einen Citroën-Club vermietet, und der lässt nur Mitglieder rein.«

»Pech gehabt«, seufzte Erika und rieb sich den steifen Nacken. »Schade.« Sie holte Atem und ließ ihn langsam wieder ausströmen. »So sei's halt. Müssen wir eben was anderes finden.« Sie griff nach dem Reiseführer und entfaltete die Straßenkarte.

Irene barg den Kopf in ihren Händen. »Ausgerechnet uns muss das passieren! Dabei bin ich so müde – ich mag keinen Meter mehr weiterfahren. Keinen einzigen Meter!«, stöhnte sie.

»Komm schon.« Erika streckte ihr einen Kaugummi hin und schob sich selbst auch einen in den Mund. »Sieh mal«, sagte sie nach einer Weile. »Der nächste Zeltplatz ist gar nicht so weit weg.« Sie tippte mit dem Finger auf die Straßenkarte. »Hier.«

»Trotzdem«, seufzte Irene. »So hab ich mir den Anfang nicht vorgestellt.« Sie nahm die Karte und legte sie auf die Knie. Erika schaltete den Motor ein.

War es schon schwierig gewesen, das Wohnmobil in die Einfahrt zu manövrieren, so war es ganz und gar unmöglich, es zu wenden. Es blieb ihnen nichts anderes übrig, als den Schotterweg entlangzufahren, der rund um den ganzen Zeltplatz führte, um so im richtigen Winkel in die Ausfahrt einschwenken zu können. Langsam kurvten sie an den freundlich und sauber aussehenden Campinganlagen vorbei, vorbei am großzügigen Swimmingpool, vorbei an lauschigen Plätzen unter sich wiegenden Pappeln.

»Dieser Zeltplatz wäre soo schön«, entfuhr es Irene. »Und er ist ja nicht mal voll. Wieder mal typisch französische Bürokratie, sie hätten ...«

»Es hat keinen Sinn«, unterbrach Erika, »sich über etwas aufzuregen, das nicht zu ändern ist.«

»Aber ich bin todmüde«, widersprach Irene. »Und jetzt noch wer weiß wie viele Kilometer fahren zu müssen, wo es hier doch so schön wäre – das regt mich auf.«

»Du bist nicht die Einzige, die müde ist«, erwiderte Erika scharf. »Und dein Gejammer hilft niemandem.« Sie kurbelte das Fenster hinunter, nahm ein paar tiefe Atemzüge. »Mmm«, sagte sie. »Riechst du das? Ein richtiger Frankreichduft.« Sie lächelte Irene versöhnlich an: »Komm schon. Wir haben Urlaub – alle Zeit der Welt.«

Unterdessen hatte es zu dämmern begonnen, und es war schwierig geworden, die Ortsschilder rechtzeitig zu entdecken. Auf der Suche nach dem Campingplatz mussten sie zweimal umkehren und einmal anhalten, um eine Einheimische um Rat zu fragen.

Endlich kamen sie in die richtige Ortschaft und entdeckten das ersehnte Schild: »Camping le repos«. Darunter stand: »Fermé« – geschlossen.

»Das darf doch nicht wahr sein!«, rief Irene und brach in Tränen aus.

Erika ignorierte sie, schnallte sich den Sicherheitsgurt ab. »Ich seh' ein Licht, ich geh' mal fragen«, sagte sie, »vielleicht ...«

Nach ein paar Minuten kam sie wieder zurück. »Wir können hierbleiben, auf dem Parkplatz vor der Einfahrt aber nur.«

»Hier?«, sagte Irene ungläubig, und zeigte auf die Ansammlung von Kehrichteimern und den Altglascontainer.

Irene nickte. »Die Leute waren ganz nett, eigentlich öffnen sie erst nächste Woche.« Sie stellte den Motor ab, streckte die Arme, rollte die Schultern. »Wir haben's geschafft!«, sagte sie und strahlte Irene an. »Und jetzt ein Kaffee, welche Wonne!«

»Ich brauch' einen Schnaps«, brummte Irene. »Auf einem Parkplatz neben dem Kehricht gelandet ...«

Eine Weile später saßen die beiden am Tisch im Wohnabteil, tranken Kaffee und löffelten eine Suppe.

Dann stellte Irene das Geschirr in das Spülbecken. Erika lehnte sich zurück. »Das hat gutgetan«, sagte sie gähnend. »Jetzt noch kurz etwas die Beine vertreten, dann ab ins Bett. Kommst du mit?«

Zusammen schlenderten sie die Straße hinunter, die vom Parkplatz wegführte. Links und rechts standen neue Einfamilienhäuser, eben erst fertiggestellt. Hinter ein paar Fenstern sah man Licht, die meisten blieben dunkel. Rundum türmten sich aufgebaggerte Erdmassen, klumpig und kahl.

»Das hat irgendwie was Romantisches an sich, findest du nicht auch?«, bemerkte Erika. »Alles ist frisch und neu und kann noch werden – ist bereit, sich mit Leben zu füllen.«

»Ich finde es trostlos«, sagte Irene. »Wenn ich daran denke, was wir stattdessen genießen könnten! Ins Grüne blicken könnten wir, dem Rascheln der Pappeln lauschen, vielleicht im Pool noch etwas schwimmen! Nein, ich darf gar nicht daran denken – lass uns umkehren.«

Die beiden kehren zum Wohnmobil zurück, und der Vorhang fällt. Das Stück ist zu Ende. Lassen Sie es sich noch einmal durch den Kopf gehen. Überlegen Sie sich, welche der beiden Frauen

Ihrer Meinung nach die Schwierigkeiten besser gemeistert hat und zufriedener war an diesem Abend in Frankreich.

Ihre Wahl, da bin ich beinahe sicher, wird auf Erika fallen. Denn sie war es, die sich vom Pech nicht beeindrucken ließ, es einfach zur Kenntnis nahm und versuchte, das Beste aus der Lage zu machen. Sie war es, die immer auch das Schöne, das es im Moment zu sehen gab, erkannte. Sie war es, die gelassen und heiter blieb, während Irene unglücklich wurde, wütend und verzweifelt darüber, dass die Umstände anders waren, als sie es sich vorgestellt und gewünscht hatte.

Erika wäre somit diejenige, die Sie, liebe Leserinnen und Leser, nach dem Fallen des Vorhanges mit Ihrem Klatschen belohnen würden. Ihr, der genügte, was war, und die dieses genoss, würde Ihr Applaus gelten. Irene hingegen, die ausschlug, was sie hätte haben können, würden Sie ausbuhen.

Nun aber Spaß beiseite. Das Ziel dieses kleinen Stücks war nicht, die Zufriedenheit zu beklatschen. Vielmehr ging es darum, ihre Eigenschaften ans Licht zu bringen und zu veranschaulichen, wie sie funktionieren.

Ich habe anhand dieses Beispiels aufzuzeigen versucht, dass Zufriedensein sich in Gefühlen wie Heiterkeit, Freude oder Gelassenheit ausdrücken kann, dass sie demnach eine emotionale Angelegenheit ist. Zudem sollte es veranschaulichen, dass Zufriedenheit ebenfalls eine Frage der Einstellung ist, dass sie einen geistigen Anteil hat. Eine Lage kann – so wurde deutlich – immer so oder so angesehen werden: Der Blick kann entweder auf das Positive gelenkt werden oder auf das, was fehlt und stört. Je nach Blickweise fühlt man sich anders – dementsprechend zufrieden oder frustriert. Die beiden Aspekte der Zufriedenheit – der emotionale und der geistige – spielen also zusammen.

Wie entsteht Zufriedenheit?

Zufriedenheit lässt sich nicht kaufen,
sie ist ein Geschenk deiner Einstellung.

MARIO KOCH

Wie der emotionale Aspekt der Zufriedenheit aussieht, wie ein zufriedener Zustand sich also anfühlt – darüber will ich keine Worte verlieren. Ich bin der Meinung, dass Sie, liebe Leserinnen und Leser, auf diesem Gebiet die Expertinnen und Experten sind. Wer weiß schließlich besser als Sie selbst, wie es sich anfühlt, wenn Sie zufrieden sind? Sie brauchen gewiss keine Definition des Zustandes, um sich auf die Diskussion über seine Entstehung einlassen zu können.

In Anbetracht dessen will ich mich von Anfang an der Frage widmen, wie das Gefühl der Zufriedenheit überhaupt entstehen kann und welches seine Auslöser sind. Denn ist diese Frage geklärt, wird ersichtlich, wie die Zufriedenheit erreicht werden kann, und wird der Weg frei zur praktischen Anwendung.

Lassen Sie uns als Erstes zu Erika und Irene zurückkehren. Erinnern Sie sich daran, welche Reaktion Erika angesichts der Tatsache gezeigt hat, dass die Nacht neben dem Abfall verbracht werden musste? Sie war dankbar, dass überhaupt ein Standort gefunden werden konnte. Sie entspannte sich, genoss die Abendmahlzeit und den Spaziergang. Sie fühlte sich, kurz gesagt, mit den Umständen im Frieden.

Irene hingegen fühlte sich damit gar nicht wohl. Obschon sie in genau der gleichen Lage steckte, blieb sie verärgert und zeigte keine Freude. Stattdessen haderte sie und trauerte dem pappelgesäumten Campingplatz nach.

Es lässt sich demzufolge feststellen, dass die zufriedenen bzw. unzufriedenen Gefühle der beiden Freundinnen nicht vom Standort des Wohnmobils abzuhängen schienen – der war ja für beide gleich –, sondern vielmehr von ihrer Einstellung dazu.

Diese Beobachtung verallgemeinernd, kann man den Schluss ziehen, dass es nicht die Umstände sind, die bewirken, dass wir uns zufrieden fühlen, sondern unsere Einstellung zu ihnen. Dass es – um das bekannte Bild des zur Hälfte gefüllten Glases zu verwenden – von unser eigenen Sicht abhängt, ob wir das Glas als halb voll oder als halb leer ansehen. Es lässt sich, kurz gesagt, behaupten, dass die äußeren Umstände einen geringen, wir selbst jedoch einen großen Einfluss auf das Zufriedensein haben. Lassen Sie mich diese Behauptung mit weiteren Beispielen untermauern:

Stellen Sie sich vor, Sie hätten sich vorgenommen, während Ihres Urlaubs die Küche neu zu streichen. Sie hätten Farbe eingekauft, alles gut abgedeckt und zu streichen begonnen. Nach einem Tag Arbeit hätten Sie die Hälfte geschafft. Ob sie nun mit diesem Resultat zufrieden wären oder nicht, hinge davon ab, welche Erwartungen Sie an die Arbeit gestellt hätten. Hätten Sie sich zum Beispiel vorgestellt, alles an einem Tag zu erledigen, wären Sie jetzt unzufrieden. Hätten Sie sich hingegen gesagt: »Es braucht so lange wie's braucht«, könnten sie für heute den Pinsel zufrieden weglegen. Je nach dem Maßstab, den Sie gesetzt hätten, würden Sie das Resultat somit als befriedigend oder als unbefriedigend beurteilen.

Stellen Sie sich weiterhin vor, Sie hätten krauses Haar, das Sie ärgern würde, da Sie es als zu wild und unbändig befänden. In dem Falle wären Sie mit Ihren Locken unzufrieden und würden sie vielleicht künstlich glätten lassen.

Stellen Sie sich andererseits vor, Sie hätten glattes Haar, das Sie ärgern würde, da Sie es langweilig fänden. In diesem Falle wären Sie ebenfalls unzufrieden und würden sich vielleicht künstliche Locken machen lassen. Befänden Sie Ihr Haar jedoch unabhängig von seiner Beschaffenheit als gut, so wie es ist, könnten Sie ohne Verärgerung in den Spiegel schauen und zufrieden sein. Ihre eigenen Beurteilungen würden also Ihre Zufriedenheit oder Unzufriedenheit beeinflussen.

Stellen Sie sich schließlich vor, Sie würden wie jeden Mittag in der Bar um die Ecke Ihren Kaffee trinken, doch heute würden Sie dort niemanden antreffen, den Sie kennen. Falls Sie auf einen Schwatz gehofft hätten, wäre das einsame Kaffeetrinken nicht befriedigend. Hätten Sie hingegen gehofft, in Ruhe die Zeitung zu lesen, würden Sie die Lage als ideal befinden. Je nach Ihrem Bedürfnis würden Sie die Situation als zufriedenstellend oder nicht beurteilen.

Diese drei Beispiele zeigen noch einmal auf, dass das, was sich uns als äußere Gegebenheit präsentiert, erst durch unsere Beurteilung zufriedenstellende oder unbefriedigende Eigenschaften annimmt. Daraus ließe sich wiederum folgern, dass es an uns selbst liegt, ob wir zufrieden sein können oder nicht. Es sind ja unsere eigenen Erwartungen, Bedürfnisse, Hoffnungen und Ideale, die unser Urteil färben. Wir selbst setzen den Maßstab, nach dem wir die Lage beurteilen. Wir sind diejenigen, die das, was ist, mit dem vergleichen, was wir uns zum Beispiel wünschen oder was wir uns zum Ziel gesetzt haben, was unseren Ansprüchen genügt oder was uns gefällt.

Da es in unserer Hand liegt, welchen Maßstab wir setzen und welches Urteil wir fällen, muss es ebenfalls im Bereich unserer Möglichkeiten liegen, zu beeinflussen, ob und wie viel Zufriedenheit wir ernten.

Setzen wir den Maßstab zum Beispiel zu hoch an, werden wir leicht von der Wirklichkeit enttäuscht. Erwarten wir gar das Ideale, wird die Möglichkeit, zufrieden zu sein, verschwindend klein. Haben wir beispielsweise den Anspruch, die Sonne müsse im Urlaub immer scheinen, dann wird uns schon ein halber Tag Regen in eine unzufriedene Stimmung versetzen. Oder messen wir unsere eigene Figur an der einer zwanzig Jahre jüngeren Person, handeln wir uns unweigerlich Unzufriedenheit ein. Es ist offensichtlich: Der Gesichtspunkt, unter dem wir etwas betrachten, bestimmt, was wir ernten.

Um Zufriedenheit zu erlangen, kommt es darauf an – dieser Schluss lässt sich hier definitiv ziehen –, nach welchem Gesichtspunkt man etwas beurteilt, mit welchem Maßstab man etwas misst und unter welchem Blickwinkel man die Umstände betrachtet. Die innere Einstellung zu den äußeren Umständen ist der Auslöser von zufriedenen Gefühlen.

Die innere Einstellung zu den äußeren Umständen löst Zufriedenheit aus.

Dass unsere innere Einstellung wirklich die Kraft hat, uns Zufriedenheit zu schenken, das will ich an einem letzten Beispiel verdeutlichen. Ich demonstriere damit, dass es unserer inneren Haltung tatsächlich gelingen kann, uns heiter zu stimmen, uns zu erfreuen, uns Gelassenheit und Genügsamkeit zu schenken und dass sie uns tatsächlich zu innerem Frieden führen kann.

In einem Dokumentarfilm, der im Fernsehen ausgestrahlt wurde, waren Überlebende eines Zugunglückes über Ihr Leben nach dem Unfall interviewt worden. Eine Frau, die Kopfverletzungen erlitten hatte und der ein Arm amputiert werden musste, erzählte Folgendes: »Ich habe das Gefühl, ganz großes Glück gehabt zu haben. Ich bin mit dem Leben davongekommen. Natürlich ist es manchmal hinderlich, nur einen Arm zu haben, aber ich habe gelernt, damit umzugehen. Ich bin ganz geschickt geworden, mit meinem Armstumpf Dinge herumzutragen.« Die Frau lachte, klemmte zur

Demonstration einen Kugelschreiber in die Achsel und fuhr fort. »Meinen bisherigen Beruf musste ich aber trotzdem aufgeben, schon allein wegen der häufigen Schwindelanfälle, die meine Kopfverletzung ausgelöst hat. ›Doch was zählt das schon‹, sage ich mir immer wieder, ›Hauptsache, du lebst!‹ Ja, seit dem Unglück bin ich überhaupt viel zufriedener mit dem, was ich habe. Ich bin für jeden Tag dankbar, den ich auf dieser Welt verbringen darf.«

Mich persönlich hat dieses Interview sehr beeindruckt. Ich denke oft an das Beispiel dieser Frau, gerade dann, wenn ich mich dabei ertappe, wie ich mit etwas Unausweichlichem hadere.

Dieses Beispiel zeigt, wie groß unser Einfluss sein kann, ja, dass es schlussendlich in unserer Macht liegt, zufrieden zu sein.

Es liegt in unserer Macht, zufrieden sein zu können.
Es liegt ebenfalls in unserer Macht,
Unzufriedenheit zu vermeiden.

Zufriedenheit erreichen

Was immer geschieht, an uns liegt es,
Glück oder Unglück darin zu sehen.

Anthony de Mello

In Bezug auf die Zufriedenheit können wir, wie im letzten Kapitel aufgezeigt wurde, die Zügel selbst in die Hand nehmen und unser Befinden in die gewünschte Richtung lenken. Es liegt in unserer Macht, uns von dem Einfluss zu befreien, den die Umstände auf uns haben. Ob es regnet oder die Sonne scheint, ob wir gewinnen oder verlieren, ob wir Glück haben oder Pech – das muss unser Befinden nicht bestimmen. Wir müssen uns nicht die Haare raufen, die Laune verderben lassen oder resignieren. Sogar im Angesicht einer Pechsträhne können wir im Lot bleiben und den inneren Frieden bewahren.

Wie wir unseren Einfluss möglichst zu unseren Gunsten ausüben, das wird als Nächstes untersucht. Dabei wird zuallererst klargestellt, was »die Zügel in die Hand nehmen« überhaupt beinhaltet.

Knackpunkt Sichtwechsel

Sich die Macht über das Zufriedensein anzueignen heißt nichts anderes, als dass man den Umständen gegenüber eine bestimmte Haltung einnimmt. Denn je nachdem, welche Sichtweise man den Dingen gegenüber hat, verändern sie ihre Qualität; je nach Maßstab, den man ansetzt, erlebt man sie als zufriedenstellend oder nicht. Die Zügel zu ergreifen bedeutet folglich, die Kontrolle über die eigene Einstellung zu übernehmen. Ergreift man die Zügel und lenkt den eigenen Blick, befindet man sich bereits auf dem Weg zur Zufriedenheit. Dies hört sich ein wenig wie Zauberei an, und tatsächlich kann dieser Vorgang mit einem magischen Trick verglichen werden: Man schwenkt den Zauberstab über einer hässlichen, warzenbedeckten Kröte, ruft »Simsalabim«, und schon sieht die Kröte weniger widerwärtig aus.

Die Kröte ist, wohlgemerkt, nach dem Trick immer noch eine Kröte, aber es graust uns nicht mehr vor ihr. Die Magie des Zauberstabes bzw. unseres Einflusses liegt nicht darin, die Umstände zu ändern – Pech bleibt Pech, Verlust bleibt Verlust, und die Sonne können wir ebenfalls nicht zum Scheinen bringen. Unser Einflussbereich liegt vielmehr darin, den Maßstab festzulegen, an dem wir etwas messen; den Blickwinkel zu bestimmen, unter dem wir etwas betrachten. Unsere Macht besteht darin, solche Haltungen einzunehmen, die Zufriedenheit ermöglichen, und solche Ansprüche, Erwartungen und Vorstellungen zu vermeiden, die das nicht tun.

Der Zaubertrick ist der Wechsel unserer Sicht. Hierin liegt die »Magie«. Im Sichtwechsel muss sich unser Einfluss etablieren und ausbreiten. Das ist der Knackpunkt.

Wenn feststeht, dass ein Sichtwechsel den Knackpunkt darstellt, folgt zwangsläufig die Frage, welche neue Sicht es denn anzunehmen gilt. Welcher Maßstab ist der »Richtige«? Welche Haltungen fördern die Zufriedenheit?

Diese Fragen zu beantworten – zu zeigen, mit welchen Sichtweisen man seinen Einfluss am Besten ausübt und welche ganz konkreten und praktischen Schritte bei einem Sichtwechsel zu unternehmen sind – das alles will ich Ihnen im nächsten Kapitel ausführlich darlegen. An dieser Stelle will ich vorerst nur darauf hinweisen, dass sich der Zaubertrick leichter anhört, als er tatsächlich ist. Ich möchte nicht verheimlichen, dass es einer Anstrengung bedarf, um die gewohnte Einstellung zu ändern und zum Beispiel das Positive im Pech zu sehen oder über Verluste nicht zu hadern.

So braucht es für den Sichtwechsel etwas Geduld. Nur weil eine Änderung nötig wäre, lassen sich unsere eingefleischten und bevorzugten Sichtweisen nicht ohne Widerstand vertreiben. Wir können uns lieb gewordene Erwartungen nicht plötzlich loslassen. Auch unsere Werte wollen wir nicht einfach so umkrempeln; und unsere Gewohnheiten sind ebenfalls zäh, sie lassen sich nicht ohne Weiteres ausreißen. Zudem sitzen wir alle hier oder da einer Illusion auf, hängen alle ab und zu Wunschträumen nach und sind demgemäß unwillig, unsere Sicht zu ändern.

Und doch kommen wir an einer inneren Wandlung nicht vorbei. Fesseln, die an »falsche« Maßstäbe binden, müssen gelockert werden. Blinde Flecken müssen entfernt und Gewohnheitsmuster neu gestrickt werden. Ja, wir können die Arbeit an uns selbst nicht umgehen. Allein den Wunsch zu haben, zufrieden zu werden, reicht leider nicht. Wenn wir die nötigen Sichtwechsel nicht tatsächlich vollziehen, bleibt alles beim Alten.

Um zum Ziel zu kommen, das möchte ich Ihnen hier ans Herz legen, muss man den Weg selbst beschreiten. Und zweifelsohne wird dies nicht immer leicht sein. Bestimmt werden Sie einigen Hindernissen begegnen, vielleicht sogar ab und zu ganz vom Weg abkommen. Das alles gehört dazu und muss Sie nicht weiter entmutigen. Ihre Entschlusskraft kann sie wieder auf die richtige Spur führen. Und je länger Sie auf dieser laufen, desto müheloser werden Sie das tun. Ihre alten Gewohnheiten werden schwächer und schwächer werden, und Ihre neue Haltung gefestigter. Zuletzt werden Ihnen die nötigen Sichtwechsel problemlos gelingen – und so werden Sie die Zufriedenheit immer spielender erreichen.

4 Praktische Schritte auf dem Weg

Im Folgenden finden Sie die systematische Präsentation der geistigen Funktionen, mit deren Hilfe man den Sichtwechsel vollziehen kann. Es werden Ihnen die konkreten Anstrengungen beschrieben, die man auf dem Weg zur Zufriedenheit auf sich nehmen muss, und nicht zuletzt wird ausgeführt, wie und wann man seinen Geist zügeln, schulen und fördern sollte.

Die vier »Eins a«

Um einen Sichtwechsel vorzunehmen, sind grundsätzlich vier verschiedene geistige Anstrengungen erforderlich. Die erste besteht darin zu erkennen, wann er überhaupt angezeigt ist. Dazu braucht es *Achtsamkeit.* Um entscheiden zu können, welcher Gesichtspunkt angemessener wäre, gilt es, die ganze Lage zu überblicken und sämtliche Faktoren in Betracht zu ziehen. Dies bedingt, *Abstand zu nehmen.* Anschließend heißt es, eine Wahl zu treffen. Dafür ist *Akzeptanz* vonnöten. Um den Sichtwechsel letztlich zu vollbringen, gilt es *aktiv zu werden.*

Achtsam sein, Abstand nehmen, akzeptieren und *aktiv werden* – diese vier Schritte oder Methoden, die es in die Praxis umzusetzen gilt, nenne ich die vier »Eins a«:

Achtsam sein
Abstand nehmen
Akzeptieren
Aktiv werden

Wieso ich zur Bezeichnung dieser Methoden den Buchstaben A wähle, ist offensichtlich. Die Beifügung von »eins« hingegen ist mein Tribut an ihre Erstklassigkeit. Ich beehre sie mit dieser Bezeichnung, da sie eins a darin sind, zum gewünschten Ziel zu führen; eine Eins-a-Hilfe, um auf dem Weg zu bleiben, und nicht zuletzt eine Eins-a-Unterstützung dabei, die Richtung nicht zu verlieren. In jeder Lage lassen sie sich anwenden, und jedes Mal ist das Resultat eins a.

Obwohl ich persönlich diese vier Methoden hoch einschätze, möchte ich Sie dennoch dazu anregen, sie zu überprüfen. Ihre Qualität wird sich Ihnen erst dann wirklich eröffnen, wenn Sie sich selbst bemühen und versuchen, achtsam zu sein, Abstand zu nehmen, zu akzeptieren und aktiv zu werden. Falls Sie hernach feststellen, dass das Resultat auch in Ihren Augen »eins a« ist, würde mich das sehr freuen.

Doch nun lassen Sie uns ohne weitere Umschweife zu den vier »Eins a« übergehen. Sie werden, bevor jede Methode einzeln behandelt wird, gemeinsam in Aktion gezeigt. Es wird, mit anderen Worten, der gesamte Prozess eines Sichtwechsels anhand eines Beispiels beschrieben.

Das Referat

Gerade kürzlich war ich mit einer Situation so unzufrieden, dass ich gezwungen war, die vier »Eins a« anzuwenden.

Ich begann den Tag wie üblich, duschte, zog mich an und ging in die Küche, um das Frühstück zuzubereiten. Wie jeden Morgen sprang unser Hund bei meinem Eintreten aus seinem Korb und kam schwanzwedelnd auf mich zu. »Schau mich nicht so an«, schnauzte ich ihn an und schob ihn unsanft weg. »Ich hab' überhaupt keine Lust, mit dir rauszugehen.« Mit gesenktem Kopf trottete er in seinen Korb zurück.

»Komm schon, sei nicht so«, sagte mein Mann, der am Tisch saß und die Post öffnete. »Der Hund kann nichts dafür, dass du schlechte Laune hast.« Ich warf ihm einen bösen Blick zu. »Und ich übrigens auch nicht«, fügte er rasch hinzu.

Ich setzte mich schweigend an den Tisch und nahm den ersten Schluck Kaffee. Mein Mann hatte Recht – ich hatte schlechte Laune. Und dass er mich darauf aufmerksam machen musste, verbesserte sie keineswegs! »Besser den Mund halten«, dachte ich, »sonst kommt's nicht gut.«

Nach einem stummen Frühstück stand ich auf und nahm die Hundeleine vom Haken. Der Hund hatte mir verziehen und zeigte die üblichen Zeichen seiner Freude. »Ja«, sagte ich, »wir gehen.«

»Du gehst also doch mit ihm raus?«, fragte mein Mann.

»Ich will über meine Laune nachdenken«, antwortete ich.

Ich wollte mir darüber klar werden, wieso ich solch schlechte Laune hatte, und ein Spaziergang bot mir dazu Zeit und Ruhe.

Im Wald angekommen, ließ ich den Hund von der Leine, verlangsamte meinen Schritt und versuchte, im jetzigen Moment anzukommen. Ich achtete auf meinen Körper – spürte die weichen Nadeln unter meinen Füßen und die Verspannung in meinem Kopf. Nach einer Weile wandte ich mich meinen Gefühlen zu und fragte die schlechte Laune, wieso sie da sei. Es dauerte nicht lange, bis ich die Antwort gefunden hatte: Ich war unzufrieden. Ganz konkret unzufrieden mit einer ganz konkreten Situation.

Die Situation, muss ich hier rasch erklären, war die folgende: Vor Monaten war ich gebeten worden, bei einer Vortragsreihe ein Referat zu halten. Es würde, so hatte man mich informiert, insgesamt vier Beiträge geben: drei Kurzreferate und einen längeren

Beitrag von mir als Hauptrednerin. Das Thema hatte mich interessiert, die Hauptrednerin zu sein geschmeichelt, und so hatte ich zugesagt. Den Vortrag hatte ich unterdessen vorbereitet und war bereit, ihn zu halten. Doch gestern, vier Tage vor dem Termin, war mir von der Organisation mitgeteilt worden, sie hätten die bekannte Autorin Frau S. für den Anlass buchen können. Da die Zeit der Beiträge dadurch zum Problem wurde, würde man mich bitten, meinen Vortrag um ein Drittel zu kürzen.

Mit dieser Situation also war ich unzufrieden – und das war kein Wunder! Um ein Drittel kürzen! Mich nochmals an die Arbeit machen! Und nur drei Tage Zeit! Ich stapfte durch den Wald und spürte bei jedem Gedanken an die Frechheit, die die Organisation sich mir gegenüber geleistet hatte, wie die Verspannung in meinem Kopf stärker wurde.

Zu meiner Erleichterung unterbrach der Hund mein Brüten, indem er mir demonstrativ einen Ast vor die Füße legte. Ich kannte das Spiel, bückte mich und schleuderte den Ast weg. Der Hund rannte ihm nach und brachte ihn zurück. Eine Weile spielten wir so, bis er plötzlich ein Eichhörnchen entdeckte und alles andere vergaß.

Ich ließ meine Achtsamkeit zu meiner Unzufriedenheit zurückkehren. Jedoch wollte ich mir damit nicht weiteres Kopfweh holen, sondern die Spannung loslassen können. So versuchte ich zu ergründen, was genau mich überhaupt unzufrieden machte. »Ist es wirklich nur die Mehrarbeit«, fragte ich mich, »die mich ärgert? Oder gibt es bestimmte Erwartungen, die ich in Bezug auf diesen Anlass gehegt hatte und die mir vereitelt worden sind?«

Nach einigem Nachdenken wurde mir bewusst, dass es nicht nur die Kürzung war, die mich frustrierte. Nein, ich hatte mir vorgestellt, der »Star« des Abends sein zu können. Abgesetzt zu werden, musste ich ehrlicherweise zugeben, kränkte meine Eitelkeit. Ja, das war eigentlich der Hauptgrund für meine Unzufriedenheit – und das war mir nun wirklich peinlich!

Ein bisschen beschämt blieb ich stehen und hielt nach dem Hund Ausschau. Er schien immer noch mit dem Eichhörnchen beschäftigt zu sein, und so ließ ich mich auf einem Baumstrunk nieder, um meinen Gedanken nachzuhängen.

Jetzt, da ich wusste, wieso ich unzufrieden geworden war, wollte ich es nicht länger bleiben müssen. Das Eingeständnis, dass verletzte Eitelkeit mitspielte, spornte mich an, meine Sicht der Situation zu ändern. Dazu musste ich aber erst einmal fähig sein, die Sache ganz objektiv zu sehen. »Wie sieht das Ganze wirklich aus«, fragte ich mich deshalb, »wenn du von deinen eigenen Erwartungen und Wünschen absiehst?« – »Nun«, antwortete ich mir, »ganz objektiv gesehen hat man mir kurzfristig ein Drittel meines Vortrages zugunsten einer berühmteren Person gestrichen.«

Ob dieser Antwort musste ich laut auflachen. Der Hund schien das gehört zu haben, denn er kam zu mir zurück und blickte mich fragend an. »Objektiv soll das sein?«, fragte ich ihn in mokierendem Ton. Er wedelte mit dem Schwanz. Ich nahm dies als Zustimmung zu meiner Eigenkritik und fuhr mit meinem Selbstgespräch fort, während er sich wieder dem Herumschnuppern widmete.

»Jetzt sieh das Ganze mal mit Abstand«, hielt ich mich an, »und nimm es nicht so persönlich. Versuche Distanz zu deinem verletzten Stolz zu gewinnen.«

Ich gab mir Mühe, meinem eigenen Rat zu folgen und alles weniger persönlich zu nehmen. Schließlich wagte ich einen erneuten Versuch, die Lage so unpersönlich wie möglich zu beschreiben. »Ganz objektiv gesehen«, stellte ich fest, »hat die Organisation mir kurzfristig ein Drittel meines Vortrages gestrichen.«

Das klang meiner Meinung nach schon besser. Indes spürte ich, dass bei dieser Formulierung der Groll seine Hand mit im Spiel hatte. Noch immer stand ich dem Ganzen zu nahe. So versuchte ich nochmals, die Situation mit mehr Distanz zu betrachten: »Ich muss meinen Vortrag in vier Tagen gekürzt haben.«

Das, fand ich, war nun wirklich neutral formuliert. Ich spürte, wie sich die Verspannung in meinem Kopf lockerte. Ein gutes Zeichen!

Von meinem Fortschritt ermutigt, wiederholte ich die neutrale Aussage. »In vier Tagen muss ich meinen Vortrag gekürzt haben – in vier Tagen muss ich meinen Vortrag gekürzt haben – so steht es. Dies ist die Lage, mit der ich Frieden schließen muss.«

Beim letzten Gedanken fing mein Kopf wieder an zu pochen. »Frieden schließen – ha!«, lehnte ich mich auf. »Nur weil sie es nicht im Griff haben, jemanden rechtzeitig zu buchen, muss ich ...«

Ich musste über mich selbst schmunzeln. Das Akzeptieren fiel mir offensichtlich nicht leicht. Ein Blick auf die Uhr zeigte, dass es Zeit zum Umkehren war. Das Akzeptieren musste ich auf dem Heimweg üben.

Ich pfiff dem Hund. Er kam angesprungen, und ich tätschelte ihn. »Brav«, lobte ich. Damit hatte ich den richtigen Ton angeschlagen. Wohlwollen war angesagt, sonst würde es mir nie gelingen, meine Situation zu akzeptieren und mich mit ihr zu befreunden. Doch dem Hund wohlgesonnen zu sein war einfach – den Organisatoren des Vortragsabends Wohlwollen entgegenzubringen war schon schwieriger.

Aber es musste sein, und so gab ich mir Mühe, etwas Gutes über sie zu finden: »Die Organisatoren sind in Ordnung. Sie sind okay, so wie sie sind. Sie geben ihr Bestes.«

Glaubte ich mir? Keine Spur! Aber ich blieb dran, gab nicht auf und nahm erneut Anlauf: »Es ist verständlich«, sagte ich mir, »dass sie die Chance ergriffen haben, Frau S. anzuheuern. Dass es durch die Programmänderung Zeitprobleme gibt, ist ebenfalls verständlich.«

Das glaubte ich mir schon eher. Ich hatte wirklich Verständnis für ihre Entscheidung, und ich spürte, wie der Ärger sich aufzulösen begann. Mir kam der Gedanke: »Dass sie mich trotzdem behalten, ist eigentlich sehr nett von ihnen, sie hätten mich ja ganz aus dem Programm streichen können. Sie waren wirklich anständig. Und wahrscheinlich haben sie mich informiert, sobald die Programmänderung feststand. Es ist ja nicht ihre Schuld, dass Frau S. so lange mit der Zusage gezögert hat. Und eigentlich freue ich mich, dass sie kommt und ich sie persönlich kennenlernen werde.«

An dem Punkt hatte sich die Dynamik geändert. Mir sprangen plötzlich alle möglichen positiven Aspekte in die Augen. Ich war dabei, den Sichtwechsel zu vollziehen.

»Eigentlich«, erkannte ich, »ist es eine Ehre, dass ich neben ihr auftreten darf, wirklich toll. Und, ehrlich gesagt, wird es meinem Vortrag nicht schaden, wenn ich ihn straffe. Ich kann die wichtigen Punkte noch besser hervortreten lassen. Und überhaupt – es gibt viel Schlimmeres, als einen Vortrag kürzen zu müssen!«

Als wir aus dem Wald kamen und ich den Hund wieder an die Leine nahm, stand ein Lächeln auf meinem Gesicht. Ich freute mich auf den Vortragsabend. Dass ich wenig Zeit hatte, meinen Beitrag zu kürzen, hatte ich den Organisatoren verziehen.

Mit diesem Beispiel eines Sichtwechsels hoffe ich Ihnen einen ersten Eindruck gegeben zu haben, wie die vier »Eins a« in einem konkreten Fall zur Anwendung kommen können.

Als Nächstes will ich die einzelnen Schritte gesondert behandeln.

Achtsam sein

Achtest du auf jeden Augenblick,
dann erstreckt sich deine Achtsamkeit auf alle Zeit.

Jack Kornfield

Die Achtsamkeit, von der im Folgenden die Rede sein wird, bezieht sich nicht auf die gewöhnliche Fähigkeit, die man normalerweise unter diesem Begriff versteht. Die geistige Fähigkeit, die hier behandelt wird, geht weiter als das alltägliche Aufpassen, dass uns nichts zustößt – dass wir nicht stolpern, uns die Finger nicht einklemmen, den Kopf nicht anschlagen. Sie geht über die Aufmerksamkeit hinaus, die wir an den Tag legen, wenn uns etwas interessiert und wir uns möglichst nichts entgehen lassen wollen.

Die Geistesfähigkeit, die hier zur Sprache kommt, kann mehr. Sie lässt uns die Dinge sehen, wie sie wirklich sind. Dies gibt ihr die Kraft – wie Buddha in seiner Lehrrede über die Grundlagen der Achtsamkeit dargelegt hat – »zur Überwindung von Kummer und Jammer, zum Schwinden von Leid und Missstimmung, zur Gewinnung des rechten Pfades.«[4] Es wird hier folglich von der Fähigkeit die Rede sein, die so viel vermag, dass sie vom Buddha gar als das Wichtigste, das es zu üben gilt, angesehen wurde. Eine dementsprechend bedeutende Rolle spielt sie auch im Zusammenhang mit dem Sichtwechsel.

Erst mit Achtsamkeit können wir überhaupt gewahr werden, wann ein Sichtwechsel angesagt ist. Es ist die Achtsamkeit, die uns aufmerken und hinschauen lässt – so dass wir uns dessen bewusst werden, was ist. Sie ist die Basis, das Fundament, auf dem alle anderen geistigen Fähigkeiten bauen. Ohne Achtsamkeit lässt sich nichts sehen und nichts verstehen – und schon gar nichts ändern.

Erkennen, wann ein Sichtwechsel nötig ist

Was unsere Gefühle betrifft, so befähigt uns die Achtsamkeit dazu, sie überhaupt wahrzunehmen und beispielsweise zu erkennen, dass wir verstimmt sind, weil uns etwas nicht passt. Durch sie wird uns klar, dass unser Nörgeln und Kritisieren, unser Jammern und Klagen Ausdruck von Unzufriedenheit ist. Sie macht uns bewusst, dass unsere sonnige Laune und das gelassene »etwas nehmen, wie's ist«, Zufriedenheit bedeuten.

Ob zufrieden oder unzufrieden – dank der Achtsamkeit wissen wir, was jetzt gerade mit uns los ist. Gleichzeitig können wir erkennen, wieso wir so fühlen. Wir sind, anders gesagt, fähig, unsere Gedanken zu lesen.

Im Lichte der Achtsamkeit treten die eigenen gedanklichen Beurteilungen, die zu unserem Gefühlszustand geführt haben, ins Bewusstsein. Wir werden unserer Ansprüche, Erwartungen, Vorstellungen, ja sogar unserer heimlichen Wünsche und geheimen Sehnsüchte ansichtig. Wir merken, was uns motiviert und warum wir so und nicht anders reagieren. Dadurch sind wir fähig, den Maßstab, den wir angelegt haben, nicht nur klar zu sehen, sondern zugleich bewusst anders zu setzen.

Die Achtsamkeit ermöglicht zu wissen, wie man fühlt, wie man denkt, wodurch man motiviert ist und wie man reagiert. Durch sie gewinnt man die nötige Selbsterkenntnis, auf der ein Sichtwechsel aufbauen kann. Eine solche Erkenntnis jedoch gewinnt man nur, wenn man wirklich hinschaut. Nur wenn man seine Aufmerksamkeit dem zuwendet, was ist, übt man Achtsamkeit. Achtsam sein heißt hinschauen statt wegsehen, sich hinwenden, statt zu ignorieren.

Hinsehen statt ignorieren

Auf den ersten Blick scheint dies ein leicht zu erfüllender Anspruch zu sein – hinschauen, das ist doch unproblematisch. Und trotzdem fällt uns genau das häufig schwer.

Gerade wenn etwas unangenehm ist, tendieren wir dazu, auszuweichen. Wir möchten lieber nicht darüber nachdenken, denn das Ganze ans Licht zu zerren hat zur Folge, dass es deutlich zutage tritt und sich nicht weiter übersehen lässt. »Danke schön«, finden wir, »ich möchte mich nicht auch noch extra daran erinnern.« Und so lassen wir uns eben gerne ablenken und zerstreuen.

Das hingegen ist nicht schwer bei den zahlreichen Möglichkeiten, die sich uns heutzutage bieten. Wie einfach ist es zum Beispiel, den Fernseher anzuschalten und die Frustration auszublenden! Hat man sich aber ablenken lassen und ist der Situation erfolgreich ausgewichen, so hat man damit etwas Wichtiges versäumt – und zwar den Moment. Indem man sich aus dem Staub gemacht hat, hat man verpasst, was sich gerade *jetzt* und genau *hier* abspielt. Man hat die Chance vertan, mit seinem Leben in Berührung zu sein.

Die Achtsamkeit lässt uns diese Chance nicht verpassen. Sie befähigt uns, im eigenen Leben gegenwärtig zu sein und es bewusst erleben zu können. Sie hilft uns, bei dem zu bleiben, was gerade geschieht. Unseren Geist hält sie im jetzigen Augenblick fest und gestattet ihm nicht, sich zu verzetteln oder sich in Träumen, Sehnsüchten, Plänen oder Sorgen zu verlieren.

Gegenwärtig sein

Achtsamkeit befähigt uns demnach, in der Gegenwart zu bleiben, was nichts anderes besagt, als dass sie uns dort hält, wo sich das Leben abspielt: im Hier und Jetzt. Somit genau da, wo wir ansetzen müssen, um etwas zu ändern.

Alles Neue beginnt nämlich gerade jetzt und entsteht genau da, wo das Alte vergeht. Das Ende der Unzufriedenheit befindet sich an der Stelle, wo die Zufriedenheit beginnt. Frustration hört dort auf, wo Befriedigung anfängt.

Jetzt haben wir die Gelegenheit, eine neue Sichtweise anzunehmen. Dies ist überhaupt unsere einzige Chance – lediglich auf das »Jetzt« haben wir Einfluss.

Die Chance jetzt ergreifen

Dank ihrer Fähigkeit, im Hier und Jetzt zu operieren, ist die Achtsamkeit, wie bereits erläutert, für den Sichtwechsel höchst geeignet. Ebenso ausgezeichnet eignet sich eine weitere ihrer Stärken, und zwar ihre äußerst scharfe Beobachtungsgabe.

Achtsamkeit schaut genau hin, ist exakt, gründlich, und vor allem lässt sie nichts aus. Sie wählt nicht aus, was ihren Blick wert ist und was nicht – sie betrachtet alles mit dem gleichen Interesse.

Nicht auswählen und neutral bleiben

Die Achtsamkeit hat eine Art zu beobachten, die unbestechlich ist. Sie filtert nichts und übertüncht nichts. Sie nimmt alles so, wie es daherkommt, und versucht nichts zu verbergen. In ihren Augen hat alles hat Platz. Jeder Blickwinkel ist gleichberechtigt.

Achtsamkeit zu üben heißt für uns demnach, dass alles unserer Beachtung wert sein sollte. Um eine neutrale Sicht zu entwickeln, müssen wir all unsere Gefühle und Gedanken zulassen – sogar diejenigen, die uns peinlich sind oder dumm vorkommen. Das verlangt von uns, uns selbst gegenüber ehrlich zu sein, auch wenn das nicht immer einfach ist und manchmal regelrecht Mut erfordert. Wir würden natürlich lieber meiden, was uns in ungünstigem Licht zeigt. Und doch müssen wir die Spitzfindigkeiten unterlassen, mit denen wir unsere Motive zurechtbiegen. Wir müssen ehrlich genug sein, unsere unerfreulichen Neigungen und Gewohnheiten beim Namen zu nennen und uns nicht selbst mit Verschönerungsversuchen zu betrügen.

Auch wenn die Achtsamkeit uns damit auf die Probe stellt, macht sie uns doch auf der anderen Seite Mut. Sie lässt uns nicht nur unsere Schwächen ans Licht bringen, sondern verlangt von uns, zugleich unsere Stärken zu sehen. Sie hält uns an, unsere positiven Eigenschaften ebenfalls nicht zu ignorieren oder klein zu machen.

Die unbestechliche Sichtweise der Achtsamkeit ist objektiv. Ob Stärken oder Schwächen – solche Beurteilungen nehmen nur wir vor. Sie hingegen ist reines Beobachten, reines Zur-Kenntnis-Nehmen dessen, was ist – ohne es zu werten. Im Gegensatz zu uns ist sie urteilslos und braucht keine Erklärungen, verstrickt sich nicht in Schuld und Anklage, tadelt und lobt nicht.

Achtsamkeit ist ein realistisches, kein emotionales Sehen; eine objektive, keine gefühlsbetonte Beobachtung. Und genau darum spielt sie eine wichtige Rolle beim Sichtwechsel. Denn nur mit Objektivität ist es überhaupt möglich, eine klare Sicht der Lage zu erhalten.

Objektiv sein

Um objektiv sein zu können, müssen wir unsere Sicht von emotionaler Neigung oder Ablehnung befreien. Was uns zusagt oder nicht, darf unsere Sicht nicht trüben. Wir müssen, mit den Worten von Thich Nhat Hanh, einem buddhistischen Mönch und

Lehrer, das »Leben eingehend betrachten, mit dem gegenwärtigen Augenblick in Berührung sein und sowohl das Leiden wie auch den Zauber des gegenwärtigen Augenblicks sehen. Aber wir müssen das achtsam tun, einen hohen Grad der Bewusstheit aufrechterhaltend, um nicht von Begierden oder Abneigung gegen das, was im gegenwärtigen Augenblick geschieht, hingerissen oder darin verstrickt zu werden.«[5]

Wirklich achtsam im Leben stehen zu können setzt voraus, wie Thich Nhat Hanh sagt, dass wir uns nicht in den eigenen Zu- oder Abneigungen verstricken. Denn sobald wir mit Begehren oder Ablehnung auf eine Situation reagieren, haben wir alle Objektivität verloren, und nicht nur das – die Gefahr besteht, dass wir uns zu Worten oder Taten hinreißen lassen, die anderen Leiden bereiten können.

Vor einem solch unheilsamen Schritt kann uns die Achtsamkeit schützen. Sie hilft uns, rechtzeitig zu stoppen. Achtsam zu sein bedeutet ein Innehalten; heißt ganz konkret eine Pause einzulegen zwischen Gefühl und Tat.

Innehalten

Durch Innehalten kann man vermeiden, blind und automatisch auf Gefühle zu reagieren. Man kann rechtzeitig bremsen und möglichem Unheil ausweichen. Ayya Khema, eine buddhistische Nonne und Lehrerin, hat dies bildhaft so beschrieben: »Achtsamkeit schafft den Raum, sich umzudrehen und so vor Gefahren zu schützen. Sie ist für uns das, was die Bremse am Auto ist. Wenn man ein Auto ohne Bremse fährt, ist das wohl Einladung zum Selbstmord. Ein Leben ohne Achtsamkeit ist ein potenzieller Selbstmord. Beim Autofahren muss man bereits vor Erreichen einer gefährlichen Kurve abbremsen; wenn man schon darin ist,

ist es zu spät: Das Auto überschlägt sich. Es gibt im Leben haufenweise gefährliche Kurven; Achtsamkeit ist die einzige Chance, rechtzeitig abzubremsen, das Steuer wieder in die Hand zu kriegen und den Wagen unseres Lebens in die richtige Lage zurückzubringen.«[6]

Das Vermögen der Achtsamkeit, uns vor Ungutem zu schützen, ist auch in Bezug auf den Sichtwechsel von großem Nutzen. Sie schützt uns zum Beispiel davor, in unserer Unzufriedenheit unfair zu werden, andere ungerechtfertigt anzuklagen oder abzuwerten, sie mit unserem Nörgeln und Jammern zu belästigen und unsere Laune an ihnen auszulassen. So werden wir davor bewahrt, die Lage noch vor einem Sichtwechsel zu verschlimmern.

Mit dieser letzten Funktion, die die Achtsamkeit im Zusammenhang mit dem Sichtwechsel ausübt, sind wir ans Ende dieses Abschnitts gelangt. Wie sich gezeigt hat, spielt Achtsamkeit auf dem Weg zur Zufriedenheit eine wichtige Rolle: Sie ist Voraussetzung, Hilfestellung und Schutz – eine Geistesfähigkeit, ohne die ein Sichtwechsel unmöglich ist.

Praktische Tipps

Zum Stärken der objektiven Sicht

Es stärkt und unterstützt den objektiven Blick auf Ihre Gedanken und Gefühle, wenn Sie Ihre Beobachtungen neutral formulieren. Statt mit Besitzergefühl zu sagen: »Ich fühle mich traurig«, oder: »Das ist meine Erwartung«, ist es förderlich, eine reine Beobachterrolle einzunehmen und ganz neutral zu formulieren: »Da ist Traurigkeit. Ich stelle eine Erwartung fest.«

Zum Erkennen der eigenen Maßstäbe

Die folgenden Fragen sind nützlich, um Ihnen die nötigen Erkenntnisse über den Maßstab, den Sie angesetzt haben, zu liefern:

- Was ist an der Situation unbefriedigend? Was passt mir nicht? Was stimmt nicht? Was wird mir verwehrt? Welche meiner Erwartungen wurde nicht erfüllt?
- Wie sollten die Dinge sein, um mich zu befriedigen? Wie hätte ich es gerne? Was würde ich mir wünschen?

Zur systematischen Förderung der Achtsamkeit
Möchten Sie Achtsamkeit systematisch trainieren, finden Sie im Buddhismus eine große Auswahl an Hilfestellungen. Achtsamkeit wird in allen buddhistischen Traditionen praktiziert, von allen buddhistischen Lehrern gelehrt und in unzähligen Schriften behandelt. So können Sie selbst leicht an Informationen gelangen und praktische Angebote finden.

Abstand nehmen

Du brauchst deinen Urteilen nicht zu glauben,
sie sind bloß eine alte Angewohnheit.

Jack Kornfield

Jede Sache hat immer verschiedene Seiten – meine und deine, Vorder- und Rückseite, ein Innen und ein Außen, ein Oben und Unten. Sieht man etwas nur von einer Seite an, hat man eine verzerrte und einseitige Sicht.

Wie oft jedoch operieren wir Menschen mit unvollkommen Sichtweisen; wie oft legen wir uns auf einen einzigen Blickwinkel fest. Um einen Sichtwechsel vorzunehmen, müssten wir jedoch andere Seiten ebenfalls beachten. Denn ist man nicht fähig, verschiedene Gesichtspunkte zu erkennen, kann man denjenigen, der zu Zufriedenheit führt, ebenfalls nicht wahrnehmen.

Ein Sichtwechsel setzt also voraus, dass man gewillt ist, die Dinge von verschiedenen Blickwinkeln aus zu betrachten. Erst so wird der Blick frei, und man kann die Sicht finden, die zum inneren Frieden führt.

Jede Sache hat mindestens zwei Seiten – deine und meine.

Unseren Blick frei schweifen zu lassen fällt uns mitunter nicht leicht. Oft verwehrt uns das Eigeninteresse die Sicht, und wir sehen nicht über die eigene Nasenspitze hinaus.

Nur das wahrzunehmen, was uns betrifft, erschwert es, uns in andere Menschen hineinzuversetzen. Doch ohne aus den eigenen Schuhen zu treten, kann man sich nicht in die anderer stellen. Um, mit anderen Worten, den nötigen Raum zu schaffen für die Sichtweise anderer, müssen wir Abstand nehmen können von der eigenen.

Ein Sichtwechsel ist nur dann möglich, wenn wir Distanz zu uns selbst finden – Distanz zu unseren Meinungen und Ansichten, Distanz zur Wichtigkeit, die wir uns zumessen. Nur so sind wir fähig, in anderer Leute Haut zu schlüpfen. Nur so können wir andere Standpunkte zulassen.

Von der eigenen Sicht Abstand nehmen

Abstand zu nehmen heißt, die Tatsache zu akzeptieren, dass es immer Dutzende von Möglichkeiten gibt, eine Situation oder eine Sache anzuschauen.

Ayya Khema hat dies an einem Beispiel so gut demonstriert,

dass ich Ihnen dieses nicht vorenthalten möchte. Sie beschreibt: »Vier Freunde gehen durch einen Wald. Sie machen gemeinsam ein Wanderung. Der eine ist Botaniker. Er hat stets Notizbuch und Bleistift zur Hand. Er ist ganz aufgeregt über die vielen Pflanzen, die er dort zu Gesicht bekommt, und notiert sich ihre Namen. Wenn er auf ein ihm bisher unbekanntes Gewächs trifft, zeichnet er es ab, um es später genauer bestimmen zu können. Der nächste ist der Förster. Da im Sommer auf diesem Landstrich gewöhnlich kein Tropfen Regen fällt, denkt er einzig und allein daran, wo er zur rechten Zeit kleine Brände legen kann, um das Unterholz auszudünnen und so der plötzlichen Zerstörung durch einen großen Waldbrand vorzubeugen. Der dritte ist Naturschützer. Er sieht, dass dieser Wald noch unberührt ist, und denkt sofort daran, sich mit Eingaben an die richtigen Verwaltungsstellen zu richten, damit er auch für die zukünftigen Generationen erhalten bleibt. Der vierte und letzte hat eine Viehzucht und betreibt Milchwirtschaft. Er sieht nur, welche Flächen man roden könnte, um möglichst viel Weideland zu bekommen. Der jetzige Zustand ist seiner Meinung nach nur eine Verschwendung von gutem Grund und Boden. So haben sie also alle ein anderes Bild von dem Wald. … Jeder hält seine eigene Sicht des Waldes für die richtige. Zweifellos: Dieses herrliche Grün muss auch zukünftigen Generationen erhalten bleiben. Zweifellos: Das Unterholz muss gezielt weggebrannt werden. Zweifellos: Am besten, man rodet so viel wie möglich und macht Weideland daraus. Jeder Standpunkt ist für sich vollkommen schlüssig.«[7]

Ayya Khema zeigt mit diesem Beispiel, wie verschieden man dasselbe ansehen kann. Jeder dieser vier Freunde hat ein andere Sicht vom Wald – gefärbt von seinen jeweiligen individuellen Interessen. Jeder der vier Standpunkte, das wird ebenfalls deutlich gemacht, ist für sich vollkommen schlüssig, hat gar seine Vorzüge.

Können nun verschiedene Ansichten über das Gleiche richtig sein, lässt das nur einen Schluss zu: Andere Ansichten sind genauso berechtigt wie die Unseren. Andere haben ebenso Recht wie wir.

Trotzdem, dies zeigt Ayya Khemas Beispiel deutlich, ist jede Ansicht – die meine und die deine – nur beschränkt richtig. Sie kann immer nur ein Fragment des Ganzen zeigen. Jeder der vier Freunde präsentiert nur eine Teilsicht des Phänomens Wald; keiner gibt ein vollkommenes Bild des Ganzen. Kein Standpunkt ist fähig, die absolute Wahrheit wiederzugeben. Ein Standpunkt ist schlussendlich nichts anderes als ein Standpunkt.

Um Abstand nehmen zu können – was ja das Ziel ist –, gilt es folglich, nicht zu vergessen, dass jede Sichtweise, unsere eingeschlossen, nichts weiter ist als eine Sichtweise.

Ein Standpunkt ist nichts weiter als ein Standpunkt.

Die Tatsache, dass unsere Sichtweise nur eine unter vielen ist und sie uns keinesfalls die ganze Wahrheit präsentiert, sollte es eigentlich leicht machen, sie loszulassen. Leider ist dem aber nicht so.

Es fällt uns häufig schwer, die Lage mit anderen Augen zu betrachten. Manchmal scheinen wir in einem immer gleichen Denkprogramm festzustecken, und unsere Meinungen sind längst verkrustet. Wir hinterfragen zum Beispiel nicht länger Ansichten, die wir uns im Laufe unseres Lebens angeeignet haben. Oder wir sind aus lauter Gewohnheit an Sichtweisen aus unserer Kindheit hängen geblieben.

Unser Geist trägt schwer an solch alten Reaktionsmustern und Denkschablonen; zum Teil hat er sich gar verhärtet und hält unsere Ansichten am immer gleichen Ort fest – »wie eine Nadel, die immer dieselbe Rille einer Schallplatte abspielt, weil sie dort hängen geblieben ist.«[8] Solange unser Geist aber auf den altgewohnten Spuren läuft, haben wir Mühe damit, ihn auf Neues zu richten.

Abstand zu nehmen bedeutet, diese Mühe zu überwinden. Es heißt, den Geist zu öffnen, so dass die vorgefassten Meinungen aus ihm entweichen können, er weit wird und Neues aufnehmen kann. Es verlangt von uns, die alten Denkgewohnheiten loszulassen, die gewohnten Meinungsgeleise zu verlassen und aufzuhören, die üblichen Sichtmuster zu spinnen. Erst dann, erst wenn das gewohnte Anschauen aufhört, gewinnt der Geist Zugang zu neuen Ansichten. Und nur so kann es uns gelingen, die Sichtweisen zu finden, die uns Zufriedenheit bringen.

Aus der gewohnten Denkspur treten

Wenn wir uns im Rad der Gewohnheit drehen, haben wir – wie eben beschrieben wurde – Mühe, unsere übliche Sichtweise loszulassen. Genauso schwer fällt uns dies, wenn sich alles rund um uns dreht.

Vielen von uns stellt sich das »Ich« immer wieder ins Zentrum und will ausschließliche Beachtung. Es verlangt, dass wir die Situation unter seinem Gesichtspunkt betrachten und einzig wahrnehmen, was ihm Gefallen oder Missfallen bereitet. So können wir nicht mehr sehen, wie die Dinge wirklich sind, sondern interpretieren sie unter dem Aspekt der Ich-Perspektive.

Steht unser »Ich« im Zentrum, berufen wir uns auf das, was wir persönlich als gut oder schlecht beurteilen. Daraus formen wir unseren Standpunkt, und natürlich deklarieren wir ihn als den richtigen. Eine solch ichbezogene Ansicht wird uns aber niemals erlauben, einen Sichtwechsel zu vollziehen: »Ich habe Recht«, sagen wir nämlich. »Wieso sollte ich mich da noch bemühen?«

Ohne die Bemühung, sich aus der ichbezogenen Perspektive

zu lösen, kann man jedoch keinen Abstand gewinnen. Man muss aufhören, alles mit sich selbst in Beziehung zu setzen. Man darf die eigene Person nicht länger als den Maßstab aller Dinge und als den Nabel der Welt einschätzen.

Ich bin nicht der Nabel der Welt.

Den Fokus auf dem »Ich« und »Mein« zu haben ist für unseren Geist beengend. Es hält ihn in einem Gefängnis und lässt ihn keinen Zugang finden zu dem, was allumfassender ist und über das Eigeninteresse hinausgeht.

Solange wir ihn in diesem Gefängnis halten, so lange wird, wie Ayya Khema es ausdrückt, ohne ein Blatt vor den Mund zu nehmen, »das Geschehen auch weiterhin ausschließlich um das ›Ich‹ kreisen und darum, was dieses Ich ›will‹ oder ›nicht will‹. Dies ist so beschränkt, dass es geradezu albern ist. Wie groß ist dieses ›Ich‹ eigentlich im Vergleich zum weiten, unendlichen Universum? – Es ist nicht einmal so groß wie Fliegendreck!«[9]

Abstand zu nehmen bedeutet, den »Fliegendreck-Status« anzuerkennen. Es heißt, die Beschränktheit der Ich-Perspektive zu erkennen sowie die Relativität von allem, das von »mir« und »mein« ausgeht und sich auf »mich« bezieht. Kurz gesagt, bedeutet Abstand zu nehmen, dass man darauf verzichtet, im Mittelpunkt zu sein.

Mit dem Verzicht darauf, im Mittelpunkt zu stehen, lässt man gleichzeitig die Illusion los, das Universum habe je im Sinn gehabt, sich um ein Individuum zu drehen. Zu meinen, es sei überhaupt möglich, dass die Welt sich dem »Ich« und seinen Wünschen anpasst – das ist genauso albern, wie zu meinen, man sei ihr Zentrum.

Die Welt passt sich mir nicht an.

Dass sich die Welt uns nicht anpassen will, lässt sich nicht spielend akzeptieren. Nein – es ist schwer, sich von der Ich-Perspektive zu lösen und eine Situation nicht persönlich zu nehmen. Es ist schwierig, sich von den eigenen Gefühlen von Minderwertigkeit oder Überlegenheit zu distanzieren. Das Gefühl der eigenen Wichtigkeit zu lockern ist keine leichte Aufgabe – für niemanden.

Doch steht uns allen etwas zur Verfügung, das uns bei der schweren Aufgabe unterstützen kann: Achtsamkeit nämlich. Mit ihr kann man eine Situation objektiv betrachten. Dank dieser Objektivität steht man nicht als Spieler auf der Bühne, sondern führt sich das Ganze als Zuschauer zu Gemüte. So kann man aufhören, alles, was einem begegnet, auf sich zu beziehen und persönlich zu nehmen. Und dadurch wiederum gewinnt man Abstand.

Abstand zu nehmen hilft, kann zum Schluss zusammengefasst werden, über die eigene Nasenspitze hinauszusehen. Sie ermöglicht es, die Wichtigkeit, die wir uns zumessen, zu vermindern, und die Fesseln, die ans »Ich« binden, zu lockern. Wir können die Dinge in neuem Licht sehen, können erkennen, was wirklich ist, statt nur das, was wir wollen oder wünschen. Das alles bringt uns Ausgewogenheit und Besonnenheit und macht uns bescheidener. Nehmen wir Abstand, kommen wir, anders gesagt, dem Zufriedensein einen Schritt näher – denn zeichnet die Zufriedenheit sich nicht gerade dadurch aus, dass sie aus einer ausgewogenen, bescheidenen und besonnenen Sicht besteht?

Praktische Tipps

Um eine Lage in ihrer Ganzheit zu erfassen

Versuchen Sie das, an dem Sie etwas auszusetzen haben – eine Situation, eine Person, eine Leistung, eine Sache –, so neutral wie möglich zu beschreiben. Lassen Sie dabei alle Ausdrücke, die von ihren Wünschen oder Erwartungen gefärbt sind, wie zum Beispiel »zu viel«, »zu wenig«, aus. Vermeiden Sie zudem Ausdrücke wie »überhaupt nicht«, »niemals«, »immer« etc. Seien Sie so wirklichkeitsgetreu wie möglich.

- Statt: »Die Wohnung ist zu klein und zu laut«, besser: »Die Wohnung ist klein und laut.«
- Statt: »Mein Mann hockt immer vor der Glotze und hat nie Zeit für mich«, besser: »Gestern hat mein Mann ferngesehen, als ich gerne mit ihm gesprochen hätte.«

Zum Überprüfen von gewohnten Standpunkten

Um verkrusteten Standpunkten auf die Spur zu kommen, versuchen Sie, Ihre Sichtweise möglichst genau zu betrachten.

- Fragen Sie sich, wann Sie diese Ansicht oder Meinung zum letzten Mal überprüft haben. Falls dies schon lange her ist, holen Sie dies jetzt nach.
- Fragen Sie sich, wie Sie zu Ihrer Meinung gekommen sind, wie Sie sie begründen und ob Sie diese Gründe immer noch für richtig befinden.

Um die Bindung an den eigenen Standpunkt zu lockern

Finden Sie den Standpunkt, der Ihrem eigenen gegenübersteht, der sozusagen das Gegenteil von dem ist, das sie behaupten. Nehmen Sie nun diesen Standpunkt ein, und versuchen Sie, ihn so gut wie möglich zu begründen und zu verteidigen.

- Eigener Standpunkt: Meine Leistung ist ungenügend, weil …
- Gegenteiliger Standpunkt: Meine Leistung ist ausgezeichnet, da …

Als Ansporn, Abstand zu nehmen

Fassen Sie den Entschluss, Abstand zu nehmen. Formulieren Sie eine Absichtserklärung, auf die Sie sich immer wieder berufen können. Zum Beispiel:

- Ich entscheide mich dafür, die Dinge nicht persönlich zu nehmen.
- Ich akzeptiere, dass meine Ansprüche nicht die einzigen sind.
- Ich akzeptiere, dass andere Menschen auch Ansprüche haben.
- Ich bin bereit, meinen Standpunkt aufzugeben.

Akzeptieren

Es gibt keinen Weg zum Frieden,
Frieden ist der Weg.

MAHATMA GANDHI

Das Wort Zufriedenheit deutet darauf hin, dass der Begriff in einem Zusammenhang mit »Frieden« steht – und es ist tatsächlich so, dass man sich im Frieden fühlt, wenn man zufrieden ist. Im zufriedenen Zustand ist man mit der Welt im Einklang, man schwingt harmonisch. Im Gegensatz dazu herrschen im unzufriedenen Zustand Misstöne vor: Man ist den Umständen gegenüber feindlich gestimmt und fühlt sich verärgert und frustriert. Ein Sichtwechsel, um den es hier ja geht, stellt also die Kunst dar, vom Unfrieden zum Frieden zu gelangen.

Doch wie vollbringt man diese Kunst? Wie kann es gelingen, mit Situationen im Frieden sein, die uns nicht passen? Wie können wir befriedigt sein angesichts einer Sache, die uns ärgert?

Ein guter Anfang ist es, sich darüber klar zu werden, was eigentlich Frieden ausmacht. Oft meinen wir nämlich, wir bräuchten Ruhe und Stille, um uns friedvoll zu fühlen, und Spannungen und jeglicher Widerwille dürften keinesfalls vorhanden sein. Erst wenn alles nett und entspannt ist, so glauben wir, könnten wir wie eine Buddhastatue milde lächeln.

Einen solchen Frieden zu gewinnen dürfte uns aber schwer fallen – denn erstens sind wir menschlich, und zweitens ist unser Alltag selten ganz frei von kleinen Reibereien oder Spannungen. Und davon abgesehen ist es auch gar nicht nötig. In Wirklichkeit hat Frieden nichts mit den äußeren Umständen zu tun – dafür aber alles mit der inneren Haltung zu ihnen. Ob es rund um uns lärmt oder Stille herrscht; ob man nett zu uns ist oder ekelhaft – das macht es nicht aus. Das, worauf es ankommt, ist der Frieden, der in unserem Herzen herrscht. Es ist, mit anderen Worten, die friedvolle Haltung, die wir der Welt und unseren Mitmenschen gegenüber an den Tag legen, die uns den Frieden bringt.

Frieden kommt von innen.

Diese friedvolle innere Haltung ist dadurch gekennzeichnet, dass Hass in allen seinen Ausdrucksformen abwesend ist. So fehlen zum Beispiel Abwertung und Unterdrückung wie auch Bekämpfung und Benachteiligung. Was da ist, darf da sein und darf so sein, wie es ist. Eine friedvolle Einstellung ist wohlwollend – das ist ihr hervorstechendes Merkmal. Respekt und Toleranz, Geduld und die Bereitschaft, anderen Gutes zu gönnen, geben den Ton an.

Eine solch friedvolle Haltung ist es, die die Zufriedenheit kennzeichnet. Im Gegensatz dazu steht die Unzufriedenheit, die das genaue Gegenteil repräsentiert: Die Dinge dürfen nicht so sein, wie sie sind. Man ist ihnen gegenüber feindlich gestimmt, sieht sie als verbesserungswürdig an und lehnt sich gegen sie auf oder sie ab. Zudem trägt man Groll und Hader im Herzen gegen das, was nicht so ist, wie man es will. Man steht, kurz gesagt, mit dem Frieden auf Kriegsfuß. Genau das nun gilt es zu ändern. Genau hierin liegt die Kunst.

Um diese Kunst auszuüben, um von Unzufriedenheit zur Zufriedenheit zu gelangen, ist vor allem eins erforderlich: Ablehnung und Zorn müssen im Zaum gehalten werden, und man darf dem Hass nicht freien Lauf lassen. Denn Hasserfülltes kann niemals befrieden – aus Hass wächst einzig noch mehr Hass. Ebenso lässt sich Feindschaft nicht mit Feindschaft überwinden, und Freundschaft kann man nicht mit Feindschaft gewinnen. Es gibt nur einen Weg zum Frieden: Wir selbst müssen ohne Hass sein.

Frieden finden heißt Hass überwinden.

Diese Aufgabe stellt konkrete Anforderungen an einen Sichtwechsel. Es bedeutet im Besonderen, dass rein intellektuelle Einsichten nicht ausreichen.

Bestimmt ist ein wichtiger Schritt gemacht, wenn man den Geist öffnet und andere Standpunkte zulässt, denn damit gewinnt er Ausgewogenheit und Besonnenheit. Doch inneren Frieden und Seelenruhe findet man nur, wenn man das Herz ebenfalls öffnet. Wer sich einen anderen Standpunkt mit Zähneknirschen anhört, um ihn dann gleich als blödsinnig abzustempeln, ihn gar zu unterdrücken versucht – der ist nicht friedlich. Solange das Herz voller Groll ist, hat es keinen Frieden.

Damit ein Sichtwechsel erfolgreich ist, muss eine Bewegung des Herzens stattfinden, und zwar eine Bewegung in Richtung Wohlwollen und Güte. Das Herz muss die anderen Menschen akzeptieren können; ja, es muss fähig sein, sie anzuerkennen und ihnen Respekt entgegenzubringen. Erst wenn unser Herz solche akzeptierenden Qualitäten aufweist, finden wir wirklich Frieden. Ohne Herzensgüte bleibt er uns verwehrt.

Frieden braucht Herzensschulung.

Ein Sichtwechsel kann, wie eben gesehen, nur mit einem akzeptierenden Herzen Erfolg haben. Doch was bedeutet es, die Welt so zu akzeptieren, wie sie ist? Ist das zum Beispiel dasselbe, wie sie zu lieben? Oder hat es eher mit dulden zu tun?

Akzeptieren heißt zuallererst einmal, sich nicht gegen die Umstände zu stellen. Es heißt anzunehmen, dass alles, was kommt, zum Leben gehört. Was immer uns begegnet, daraus besteht unser Leben. Regen und Sonnenschein, Erfolg und Misserfolg, Gesundheit und Krankheit – alles gehört dazu, die ganze Mischung von Freude und Leid. Deshalb sollten wir nicht wählerisch sein, nicht ausfiltern, was uns gefällt, und den Rest ausschließen. Wir sollten nicht Stellung beziehen, weder die eine noch die andere Seite einnehmen, sondern unparteiisch bleiben.

Wenn wir das Leben akzeptieren, hören wir auf, es nach unseren Wünschen kontrollieren und manipulieren zu wollen. Stattdessen nehmen wir alles als gleichbedeutend und gleichwertig an.

Unparteiisch sein

Die Dinge zu nehmen, wie sie kommen, und selbst die Unvollkommenheiten zu akzeptieren, bedeutet nicht, dass wir den Dingen gegenüber blind sind, die uns Anlass zu Unzufriedenheit geben. Akzeptieren heißt nur, dass wir schon vorhandenem Unangenehmem nicht noch weiteres Unerfreuliches hinzufügen – es besagt sozusagen, dass wir Schadensbegrenzung betreiben.

Das Akzeptieren charakterisiert eine ehrliche Anerkennung der unbefriedigenden Faktoren, ohne gleich gegen sie in die Schlacht zu ziehen. Begehen beispielsweise andere oder wir einen Fehler, dann sehen wir diesen und lassen ihn wieder los. Wir bleiben nicht mit dem Finger auf der Wunde haften, kratzen nicht immer wieder daran herum. Stattdessen streichen wir Heilendes wie gütiges Verständnis und Toleranz auf; wir verzeihen und vergessen und lassen so die Wunde zuwachsen.

Weiterhin unterlassen wir es, das Unangenehme zu dramatisieren und uns dadurch selbst in ein Schlachtfeld zu verwandeln. Wir regen uns nicht schon wegen Kleinigkeiten auf, machen daraus keine Katastrophe. Ist es nicht trauriger Anblick, wenn Menschen das tun und schon bei einem geringen Missgeschick in Rage geraten? Da hat zum Beispiel ein Bus ein paar Minuten Verspätung, und sie beklagen und empören sich und lassen ihren Blutdruck in die Höhe schnellen – für nichts und wieder nichts. Der Bus kommt zu spät, daran ändern alle Aufregung und alle Anklagen nichts. Nein, wir sollten kostbare Lebenszeit nicht mit Nichtigkeiten vergeuden.

Besser lassen wir es sein, uns gegen etwas aufzulehnen, das schon geschehen ist, und setzen dem Missgeschick keinen zwecklosen Widerstand entgegen. Widmen wir uns lieber der Schadensbehebung und konzentrieren uns auf Heilung und Wiedergutmachung. Ja, wenn uns etwas Unangenehmes zustößt, reicht es, das festzustellen und sich der Besänftigung des eigenen Zorns oder der Schmerzen zu widmen. Sonst sind wir so dumm wie jemand, dem man »du bist ein Idiot« an den Kopf wirft und der tausendmal darüber nachdenkt, wie ärgerlich und ungerecht das ist – und dadurch wirklich tausendmal zum Idioten wird.

Keine unnötigen Schlachten!

Zu akzeptieren heißt nicht ausschließlich, Schaden zu begrenzen – etwas zu akzeptieren ist, wie schon erwähnt, vor allem eine Herzensangelegenheit. Akzeptieren bedeutet, dass das Herz sich Mühe gibt, den Ärger aufzulösen; dass es versucht, die Selbstgerechtigkeit im Zaum zu halten, und dass es willig ist, allem, sogar dem Unangenehmen gegenüber, gut gesinnt zu sein.

Dank dieser Bemühungen, dank seiner Bereitschaft, respektvoll zu bleiben und Freundlichkeit und Güte auszustrahlen, stärkt sich die in ihm schlummernde Kraft des Wohlwollens. Diese Kraft befähigt das Herz, Toleranz gegenüber dem zu üben, das fehlerhaft ist, Geduld zu haben mit dem, was Schwächen hat, und nicht zuletzt sogar denen Gutes zu wünschen, die es nicht mag.

Wohlwollen ist das mächtigste Mittel überhaupt, um Hasserfülltes dauerhaft zu überwinden. Nichts kann sich so effektiv der ganzen Truppe von Wut, Eifersucht, Zorn, Misstrauen, Verachtung und Ablehnung entgegenstellen wie die Herzensgüte. Einzig dem Wohlwollen gelingt es, alles Schlechte und Böse in die Arme zu schließen und es mit seiner Güte aufzulösen.

So sind es schlussendlich die wohlwollenden Herzen, die ein Zusammenleben ohne Konflikte, ein Zusammenleben in Frieden und Harmonie ermöglichen, und es ist folglich das Wohlwollen, das zum inneren Frieden und zur Zufriedenheit führt.

Wohlwollend sein

Um anderen gegenüber Wohlwollen zu üben, müssen wir nicht gleicher Meinung sein und nicht unbedingt mit ihnen übereinstimmen. Wir müssen Umstände nicht gutheißen, ihnen keinen Beifall spenden, und wir müssen kein Ding toll finden, das uns nicht gefällt.

Den Umständen, den Dingen und anderen Menschen gegenüber wohlwollend zu sein ist nicht das Gleiche, wie sie zu lieben. Es handelt sich vielmehr um die Bereitwilligkeit, nichts zu hassen – nicht einmal seine Feinde.

Seine Feinde zu lieben ist ein hoher Anspruch an das Herz. Doch diesen keinen Hass entgegenzubringen ist eine Aufgabe, die ihm zugemutet werden kann und der es durchaus gewachsen ist. Denn öffnen wir unser Herz dem Wohlwollen, so ermöglicht uns dies zu entdecken, dass eigentlich alle Lebewesen dieselben Interessen haben wie wir. Wir können erkennen, dass andere genauso wie wir Schmerz und Kummer fürchten, dass sie sich genauso wie wir nach Liebe, Glück und Geborgenheit sehnen. Mit einem wohlwollenden Herzen werden wir mitfühlend, und unser Herz schlägt sozusagen auch für die anderen. Das Mitgefühl in unserem Herzen drängt uns, anderen Gutes zu gönnen, zu Ihnen freundlich zu sein und ihnen kein Leid anzutun. Dazu brauchen wir sie nicht einmal zu lieben. Mitfühlend können wir allen Menschen gegenüber freundlich sein.

Ich behaupte nicht, dass Freundlichsein immer leicht ist. Um zum Beispiel jemanden nett zu behandeln, den wir nicht mögen, gehört eine tüchtige Portion Überwindung. Und wie viel kostet es uns oft, uns selbst wohlgesonnen zu sein!

Ja, die eigene Person mitsamt allen Fehlern und Schwächen zu respektieren – das fällt vielen von uns immer wieder schwer. Und doch ist die Fähigkeit, uns selbst zu akzeptieren, das Fundament, auf dem wir bauen müssen. Denn können wir uns selbst gegenüber keine Herzensgüte empfinden, können wir diese auch nicht auf andere ausstrahlen. Das Wohlwollen gegenüber anderen und das sich selbst gegenüber haben die gleiche Quelle.

Sich selbst akzeptieren

Sich selbst zu akzeptieren heißt nicht, dass man sich nicht weiterentwickeln oder verbessern kann. Akzeptanz bedeutet weder resignieren noch vermeiden.

Wohlwollendes Akzeptieren redet nicht weg, was fehlerhaft ist. Man muss nicht blind spielen; man braucht seine Schwächen nicht zu ignorieren oder das Schlechte zu übersehen. Akzeptanz vermeidet nicht – sie respektiert. Sie beachtet das Recht aller Dinge, da zu sein, und ist ihnen gegenüber rücksichtsvoll. Sie ist auch nicht gleichgültig. Akzeptieren bedeutet nicht, sich um nichts zu kümmern. Ein wohlwollendes Herz ist nicht kalt und neutral, im Gegenteil: Es ist involviert; warm und bekümmert.

Es wird von uns auch nicht verlangt, alles demütig hinzunehmen und zu erdulden. Vielmehr ist Geduld gefragt – die Fähigkeit also, sich nicht gleich unüberlegt ins Geschehen zu stürzen, sondern warten zu können, bis das Problem konstruktiv angegangen werden kann oder sich von selbst gelöst hat.

Zu akzeptieren besagt vor diesem Hintergrund nicht, dass man in den Problemen stecken bleiben muss. Man ist durchaus handlungsfähig; doch handelt man stets mit Wohlwollen. Und gerade weil man mit Herzensgüte agiert, kann man die Dinge wirklich ändern. Denn nur die Herzensgüte verfügt über die Qualitäten, die dafür notwendig sind: Sie kann Fehler liebevoll korrigieren, Schwächen geduldig mittragen und Unheilsames mit Klarsicht umgestalten.

Durch Akzeptieren können wir Feindschaft und Probleme überwinden. Wir befrieden die Welt, und wir finden unseren eigenen Frieden. Und so werden wir zufrieden.

Praktischer Tipp

Um die Fähigkeit zum Wohlwollen zu fördern
Eine der Praktiken, die der Buddhismus anwendet, um Güte zu fördern, besteht darin, sie in systematischer Entfaltung zu üben. Dabei ist das Ziel, sie im Herzen zu verankern und im alltäglichen Verhalten zunehmend umzusetzen.

Mettā-Meditation
In Pali, der Sprache der buddhistischen Schriften, wird das Wohlwollen, die allumfassende Güte oder Freundlichkeit, »Mettā« genannt und stellt einen der vier erhabenen Geisteszustände, »Brahma-Vihāra«[10], dar.
Bei der Mettā-Meditation handelt es sich praktisch gesehen darum, gütige und wohlwollende Gedanken zu erwecken und diese auf alle Lebewesen zu erstrecken. Es gibt verschiedene Versionen, wie die Meditation angeleitet wird. Hier wird nur eine unter vielen vorgestellt.[11] Wer sich für die Originalversion, die Buddha formuliert hat, interessiert, findet sie im *Suttanipāta* als »Lehrrede von der liebenden Güte« (*Karaṇīya-Mettā-Sutta*).

- Erster Schritt:

Nachdem Sie sich bequem hingesetzt und sich gesammelt haben, versuchen Sie, Gefühle der Freundlichkeit und Güte in sich entstehen zu lassen. Einige Methoden können dabei helfen, wenn sich diese Gefühle nicht spontan einstellen. Zum Beispiel eine Erinnerung an einen Moment, in dem Sie glücklich und in Harmonie mit der Welt waren, oder sich vorzustellen, von Licht durchflutet zu sein. Oder sich selbst zuzulächeln.

- Zweiter Schritt:

Richten Sie das Wohlwollen, das sie empfinden, auf sich selbst. Durchsättigen Sie sich damit. Wünschen Sie sich Folgendes: »Alles Leid möge mir schwinden, Glück und Zufriedenheit mögen zunehmen, möge mein Leben glücklich verlaufen.«

Kommentar: Die Güteausstrahlung beginnt bei sich selbst, »weil der, der schon mit sich selbst in Unfrieden lebt, unmöglich auf andere Güte überstrahlen kann.«[12] Der Hass gegen die eigene Person, der sich in Gefühlen von Minderwertigkeit und in sinnlosen Selbstvorwürfen äußert, muss zuallererst überwunden werden.

- Dritter Schritt:

»Indem man sich selbst mit Güte durchdringt und durchsättigt, kommt man in den Genuss friedvollen Glücks, und durch das unmittelbare Erleben beginnt man, den köstlichen Segen einer gier- und hassfreien Gesinnung zu begreifen.
Wer nun die Güte so weit entfaltet hat, den drängt es, auch die anderen Wesen an seinem Glück teilhaben zu lassen. Denn er denkt sich: »Solange Hass und Unfrieden in mir waren, so lange war ich blind und kannte nicht mein Bestes. Nun aber erlebe ich in mir selbst den hohen Segen der Güte. Könnten doch alle Wesen Gleiches empfinden, könnten wir doch alle unsere Ängste und Kümmernisse im Meer der Liebe versenken, könnten wir doch gemeinsam im Frieden der Allgüte verweilen!«[13]
So beginnt man, Güte-Energie auf andere Wesen überzustrahlen.

Kommentar: »Hierbei ist Folgendes zu beachten: Die Güte, sofern sie noch schwach entwickelt und nur auf die eigene Person bezogen ist, gleicht einem gerade erst entfachten Feuer. Legt man auf dieses nun sofort einen dicken, feuchten Holzkloben, so wird das Feuer ersticken, ehe der Holzkloben auch nur erwärmt worden ist. Deshalb muss man das Feuer zunächst mit ganz trockenem Reisig behutsam ernähren, darauf mit Spanholz kräftigen, sodann legt man trockene Scheite auf, und schließlich, wenn das Feuer richtig durchgebrannt ist, kann man den feuchten Holzkloben hineinwerfen.
Ebenso erstickt die noch schwach entwickelte Güte-Flamme, wenn sie gleich einen Menschen erfassen und durchdringen soll, den wir in schlechtester Erinnerung haben. Man beginnt deshalb mit der Güte-Ausstrahlung bei einem Menschen, der einem besonders lieb, teuer und verehrungswürdig ist.«[14]

Stellen Sie sich diesen lieben Menschen vor, richten Sie Ihr Wohlwollen auf ihn, und wünschen Sie ihm: »Alles Leid möge von dir schwinden, Glück und Zufriedenheit mögen zunehmen, möge dein Leben glücklich verlaufen.«

- Vierter bis sechster Schritt:

»Dann schreitet man fort mit der Güte-Ausstrahlung über seine Freunde und lieben Bekannten. Später erfasst die stark gewordene Güte auch die Menschen, die einem gleichgültig sind, und zuletzt gar die Feinde.«[15]

Stellen Sie sich die Personen jedes Mal vor – erst die Freunde, dann die, die Ihnen gleichgültig sind, und zuletzt die Feinde. Richten Sie Ihr Wohlwollen auf sie, und wünschen Sie ihnen: »Alles Leid möge von dir schwinden, Glück und Zufriedenheit mögen zunehmen, möge dein Leben glücklich verlaufen.«

- Siebter Schritt:

Zum Schluss lassen Sie Ihr Wohlwollen in die Welt strömen und wünschen allen Lebewesen, dass ihr Leid schwinden und ihr Glück zunehmen möge.

Kurzfassung

- Gütegefühl erstehen lassen
- Sich selbst Wohlwollen entgegenbringen
- Nahestehenden, geliebten oder verehrten Menschen Wohlwollen entgegenbringen
- Menschen, die man mag, Wohlwollen entgegenbringen
- Menschen, für die man weder Zu- noch Abneigung empfindet, Wohlwollen entgegenbringen
- Menschen, die man nicht mag, Wohlwollen entgegenbringen
- Allen Lebewesen nah und fern, groß und klein, Wohlwollen entgegenbringen

Aktiv werden

Einsichtig ist,
wer sich nicht grämt über das, was er nicht hat,
sondern sich freut über das, was er hat.

DEMOKRIT

Die Zeit ist reif, den Sichtwechsel zu vollziehen. Sie sind achtsam und wissen, wo Sie stehen. Sie haben Abstand zum eigenen Standpunkt gewonnen und können die gesamte Lage überblicken. Dabei werden Sie nicht von den eigenen Gefühlen mitgerissen, sondern können akzeptieren, was geschehen ist. Infolgedessen sind Sie jetzt frei und offen, den einmal gesetzten Maßstab, der zur Unzufriedenheit führte, durch einen zu ersetzen, der Zufriedenheit bringt. Sie sind, anders ausgedrückt, fähig, die Lage neu zu beurteilen – und damit bereit, aktiv zu werden.

Die Aufgabe, die Ihnen bevorsteht, ist eine angenehme. Sie erlaubt Ihnen, sich Positives zu Gemüte zu führen. Statt sich wie bisher mit all den Dingen herumschlagen zu müssen, die stören und ärgern, dürfen Sie sich nun dem zuwenden, das Sie freut und Ihnen guttut – Sie werden sogar aufgefordert, Ihren Blick ausschließlich auf das Erfreuliche und Heilsame auszurichten.

Aktiv werden ist also eine Aufgabe, auf die Sie sich freuen können. Wie sie im Detail aussieht, wird Ihnen als Nächstes geschildert, wobei das Augenmerk dorthin gerichtet wird, wo das Aktivwerden ansetzt.

Aktiv werden geht davon voraus, dass alles Wert hat, wenn man es klug zu nutzen weiß. Das heißt, dass die Absicht, aus den Umständen das Beste zu machen und sie gut zu nutzen, den Ausgangspunkt darstellt. Hier kommt der eigentliche Sichtwechsel in Gang.

Das Beste aus der Situation machen

Das Beste aus der Lage zu machen sollte nicht verwechselt werden mit »das Beste zu wollen«. Was einen Sichtwechsel leitet, ist nicht das Begehren nach dem Angenehmen, im Gegenteil – man lässt die Gier im Wissen über die wahre Natur des Angenehmen los. Ebenso wird der Wunsch, das gut zu nutzen, was da ist, von Wissensklarheit begleitet. Man unterliegt nicht der Illusion, man müsse die Umstände ändern, um aus ihnen Nutzen ziehen zu können. Man sieht dafür die Möglichkeiten, die ihnen innewohnen, und von denen geht man auch aus. Man betrachtet die jeweiligen Umstände als Rohmaterial, aus dem man die Zufriedenheit bauen kann.

Aktiv wird man also nicht, indem man nach Besserem oder weniger Problematischem sucht, sondern indem man das, was sich bietet, nach seinem positiven Potenzial durchsucht und seine guten Seiten entdeckt.

Das Positive sehen

Beim Sichtwechsel lassen wir unseren Blick auf das Positive fallen, auf das Schöne, Freudvolle, Heilsame. Auf all das Gute und Nützliche, das uns die Situation bringt. Auf alle wertvollen Möglichkeiten, die in ihr schlummern. Das heißt, dass wir der Welt mit positivem Blick entgegentreten: In jeder Lage sehen wir, was sie uns ermöglicht, und nicht, was sie uns verunmöglicht. Statt aufzuzählen, was fehlt, suchen wir nach dem, was vorhanden ist. »Was steckt an Positivem in dieser Situation? Welche Möglichkeiten erwachsen daraus? Wie sehen die guten Seiten dieses Menschen aus? Was hat er alles mir zuliebe getan? Was habe ich gut gemacht?« Solche Fragen stellen wir uns. Wir sind ganz auf das fokussiert, was an den Umständen positiv ist, und wir suchen jeder Sache die beste Seite abzugewinnen.

So heißt aktiv werden zum Beispiel, dass wir in unseren Beziehungen das betrachten, was die anderen uns geben, statt nur das zu sehen, worin sie uns enttäuschen. Bei unserer Leistung erkennen wir das an, was wir vollbracht haben und was uns gelungen ist, statt das Resultat zu kritisieren, das uns nicht gut genug erscheint. Wir sehen die Vorteile, die unser Beruf uns schenkt, statt die Nachteile.

Wenn wir uns auf einen positiven Standpunkt stellen und uns dem Guten zuwenden, werden wir für unsere Anstrengungen belohnt. So kommt zum Beispiel Freude auf. Freude entsteht nämlich nicht nur dann, wenn wir etwas erhalten, das wir uns gewünscht haben, sondern Freude ist eine spontane Reaktion auf das Schöne und Gute in der Welt. Sie ist ein Gefühl, das unser Herz wärmt und uns versöhnlich stimmt.

Was uns das Herz ebenfalls erwärmt, ist die Dankbarkeit, die entsteht, wenn wir all das Wunderbare sehen, das uns das Leben schenkt. Leer hingegen bleibt das Herz, wenn wir dieses Geschenk als selbstverständlich hinnehmen. Wenn wir Positives nur mit einem selbstverständlichen Achselzucken zur Kenntnis nehmen, statt es wirklich zu schätzen, müssen wir unzufrieden bleiben.

Für das Positive dankbar sein

Sind wir dankbar und würdigen wir, was wir haben, wird uns ein zusätzliches Geschenk gemacht: Wir empfinden Wertschätzung und können Lob austeilen. »Das ist dir gut gelungen«, dürfen wir uns selbst bestärken. »Das hast du gut gemacht«, können wir andere bestätigen.

Das großzügige Verteilen von Lob ist ein wertvolles Geschenk. Heben wir dadurch nicht die Einseitigkeit auf, die die Unzufriedenheit hervorgerufen hat? Jetzt, da wir mit Anerkennung aufbauen, statt mit Kritik abzuwerten? Jetzt, da wir ausgeglichenere und gerechtere Urteile abgeben? Ja, wir gleichen Negatives aus – mit unserem Lob verbreiten und erweitern wir die Freude in der Welt.

Das Positive zu sehen und es wertzuschätzen belohnt reichhaltig. Wo uns im unzufriedenen Zustand etwas fehlte, genügt uns jetzt, was vorhanden ist. Wo wir klagen mussten, da loben wir. Wo wir uns ärgern mussten, da sind wir beglückt. Wo wir enttäuscht waren, da sind wir versöhnt. Wir sind entspannter geworden und ganz bestimmt heiterer.

Durch das aktive Aufsuchen des Positiven hat man, so will ich hier zusammenfassen, den inneren Frieden gefunden, und man ist im Lot. Man ist am Ziel angekommen: Der Sichtwechsel ist vollzogen und die Zufriedenheit gefunden!

Dieses schöne Resultat aber – das sollte im Freudentaumel nicht vergessen werden – stellt sich einzig dann ein, wenn der Blick aufs Positive so weise ist, wie es der folgende Spruch aus dem *Suttanipāta*, einem der ältesten buddhistischen Texte, ausdrückt:

Der Weise ist allseitig frei,
nicht zugeneigt, nicht abgeneigt;
von ihm rinnt Wunsch und Sorge ab,
wie Tau vom Lotusblatt.[16]

Wir setzen beim Sichtwechsel keine rosa Brille auf, nein, unser Blick wird von einem wissensklaren Geist gelenkt. Wir sind uns dessen bewusst, dass das Leben Angenehmes wie Unangenehmes bringt und dass beides vergänglich ist. Wir sehen deshalb weder am Unguten noch am Guten vorbei; wir lassen uns weder in das eine noch in das andere verwickeln, und wir geben weder dem Begehren noch der Ablehnung nach. Was wir effektiv tun, ist uns in der Mitte zu bewegen. Wir gleichen die Blicke auf das Negative durch die auf das Positive aus. Wir ersetzen den Maßstab, der aus Begehrlichem und Illusorischem bestand, durch einen, der sich am Möglichen misst. Und nicht zuletzt färben wir das, was wir erblicken, weder schwarz noch rosig, sondern bleiben realistisch.

Die Zufriedenheit, die wir mit einem so durchgeführten Sichtwechsel erhalten, wird somit kein abgehobener, weltfremder Zustand, sondern in unserem Zufriedensein bleiben wir fest im Boden der Realität verankert.

Praktischer Tipp

Bei Schwierigkeiten einer Situation etwas Gutes abgewinnen
Es fällt nicht immer leicht, einer Lage die gute Seite abzugewinnen. Manchmal scheint es sogar unmöglich. Man kann keinen Funken Freude erspähen. Es scheint nichts Positives zu geben. Man empfindet die Lage als unerwünschten Eindringling, gar als Feind, und steht ihr abweisend und voller Groll gegenüber. Solange man jedoch einer unangenehmen Situation gegenüber eine feindliche Haltung einnimmt, wird sich das Positive nicht zeigen. Um den Zugang zum Reich des Guten zu finden, muss der Unfrieden im Herzen durch Wohlwollen ersetzt werden. Man muss sich mit der Situation befreunden. Um die feindliche Einstellung umzupolen, folgen Sie dem Motto:

Werde Freund mit dem, was du findest –
und du wirst finden, was dich freut.

Es gibt verschiedene Möglichkeiten, sich mit Unangenehmem zu befreunden:

- Statt das Unangenehme als unerwünschten und lästigen Eindringling zu behandeln, laden Sie es ein, Ihr Gast zu sein. Heißen Sie es willkommen, und geben Sie sich Mühe, ein guter Gastgeber oder eine gute Gastgeberin zu sein. So wird auch der Gast zum guten Gast und hört auf, Sie zu belästigen.
- Erklären Sie die unangenehme Situation zu Ihrer Verbündeten statt zu Ihrem Feind. Als Verbündete wird sie Ihnen aufzeigen, was Ihnen dient, wo Ihre Vorteile liegen und was Sie unterstützt.
- Behandeln Sie die unangenehme Situation wie einen guten Freund. Wie ein wohlgesinnter Freund wird sie Ihnen Gutes wünschen und Ihnen Hilfe anbieten.

5 Zufrieden sein

Der Mensch, der nicht in Abhängigkeit steht, schwankt nicht.

SUTTANIPĀTA 752

Der Sichtwechsel ist vollzogen. »Ich bin zufrieden«, können wir sagen. Wie schön! Wie gut fühlt sich das an. Und wie befreiend auch!

Die Zufriedenheit befreit uns davon, unserem Schicksal hilflos ausgeliefert zu sein. Unabhängig davon, ob wir Glück haben oder Pech, ob das Leben uns gegenüber milde gestimmt ist oder uns »hart rannimmt« – wir können uns gut fühlen. In welcher Lage wir uns auch befinden, stets steht es uns offen, mit ihr Frieden zu schließen. Komme, was wolle – durch Zufriedenheit können wir Einfluss nehmen und die Qualität unseres Lebens jederzeit erhöhen. Sie, die unabhängig davon ist, was uns das Leben bringt, die nichts mit Erfolg, Besitz, Liebe oder Selbstbewusstsein zu tun hat, gibt uns Stabilität im ständigen Auf und Ab des Schicksals. An sie können wir uns halten, zu ihr können wir Zuflucht nehmen.

Zufriedenheit zu finden ist wirklich beglückend und bereichernd. Wir können das Leben leichter tragen. Selbst in kritischen Zeiten gelassen bleiben. Jeden Tag eine Freude erleben. Und wir werden reich beschenkt: Innerer Friede ist kostbar. Genügsamkeit ist weise. Besonnenheit ist heilsam. Freundlichkeit steht uns gut. Hier und jetzt ist eine einmalige Gelegenheit.

Können wir zufrieden sein, ist das wahrlich ein Glück. Vielleicht gar das wahre Glück? Diese Frage zu entscheiden – das, liebe Leserinnen und Leser, überlasse ich Ihnen.

Meinerseits schließe ich den ersten Teil des Buches nun ab und überreiche Ihnen zu seinem Ende einen alten Segenswunsch:

Wenn der Tag sich neigt, möge er dich als zufriedenen Menschen sehen.

Zweiter Teil

Wie kann Zufriedenheit erhalten bleiben?

Im ersten Teil dieses Buches haben Sie erfahren, wie Sie Zufriedenheit finden können. Es wurde Ihnen beschrieben, wie sie durch einen Wechsel der inneren Haltung erweckt werden kann. In zweiten Teil wird untersucht, welche Geisteshaltungen Ihren Sichtwechsel unterstützen und ihn einfacher machen. Sie werden dadurch erkennen, wie Sie Ihre Zufriedenheit fördern können – und sie dadurch immer häufiger erhalten bzw. bewirken, dass sie immer länger bei Ihnen bleibt.

Als Erstes wird unter dem Titel »Die kleinen Freuden« geschildert, wie Sie wirkungsvoll üben können, das Positive zu sehen. Es wird dargestellt, wie die Fähigkeit zum Zufriedensein durch das bewusste Wahrnehmen und Genießen von alltäglichen Freuden kultiviert werden kann.

An zweiter Stelle, im Kapitel »Freundlich sein«, kommt das Wohlwollen und seine Wirkung auf die Zufriedenheit zur Sprache. Es wird aufgezeigt, wie Freundlichsein Sie mit der Welt in Einklang bringt und Ihre Zufriedenheit dadurch erblühen kann.

Zuletzt, im Kapitel »Großzügigkeit«, wird das Thema des Wohlwollens fortgesetzt. Das Augenmerk wird nun auf die Fähigkeit zur Großzügigkeit gerichtet, und es wird dargelegt, wie diese das Zufriedensein rundum erhöhen kann.

6 Die kleinen Freuden

Die Sonne scheint für dich – deinethalben und wenn sie müde wird, fängt der Mond an, und dann werden die Sterne angezündet.

Sören A. Kierkegaard

Jeder ganz gewöhnliche Tag hält ein kleines Wunder bereit. Schau dich um – siehst du den blühenden Kirschbaum? Das Kind, das selbstvergessen mit seiner Puppe spielt? Siehst du den Mond, der sich im Wasser spiegelt? Lass die Wunder dein Herz berühren. Freu dich über das Zwitschern der Amsel, am Geruch des frisch gebackenen Brotes. Lass dir jeden Tag eine kleine Freude schenken.

Wenn Sie sich, um es weniger poetisch auszudrücken, der kleinen Freuden, die das Leben Ihnen schenkt, bewusst werden und sie schätzen, kultivieren Sie damit das positive Schauen und fördern Ihr Zufriedensein. Tatsächlich lässt sich Zufriedenheit durch so wenig wie Freude an Vogelgesang und Mondenschein hervorrufen. Ja, im Wertschätzen der alltäglichen und unscheinbaren Glücksmomente steckt genug Kraft, um unseren Geist und unser Herz zu erquicken. Kleines kann tatsächlich Großes bewirken.

Ein empfindsames Herz

Die Freude am Kleinen ist die schwerste Freude, denn es gehört ein großes Herz dazu.

Deutsches Sprichwort

Höhepunkte lassen unser Herz schneller schlagen, und offensichtliches Glück und besondere Freuden bringen es zum Hüpfen.

Weniger selbstverständlich ist jedoch, dass es wegen unauffälliger Freuden lauter zu pochen beginnt, ja, dass es sich überhaupt von alltäglichen Glücksmomenten bewegen lässt. Um da nicht ungerührt zu bleiben, bedarf das Herz einer gewissen Offenheit und Durchlässigkeit – ganz allgemein einer verfeinerten Empfindungsfähigkeit. Wir müssen gewisse Voraussetzungen erfüllen, damit uns Alltägliches und Unscheinbares erfreuen kann. Wir sind zum Beispiel gezwungen, hellhöriger zu werden, damit wir die Zwischentöne des Glücks ebenfalls vernehmen können. Weiterhin sind wir auf Feinfühligkeit dem Schönen und Guten gegenüber angewiesen, damit wir es in seinen unscheinbarsten Manifestationen zu erkennen vermögen.

Eine solche Empfindsamkeit und Aufnahmebereitschaft ermöglicht uns, sogar die schwachen Schwingungen des Glücks wahrzunehmen. Wir können Freude im Aufgehen einer Knospe erkennen, in einer netten Geste oder in einer Pfütze, in der sich der Himmel spiegelt. Ja, mit einer vertieften Empfindungsfähigkeit braucht unser Herz nicht viel, um berührt zu werden. Es kann sich schon an Wenigem freuen.

Indem wir feinfühliger werden für die unscheinbaren Glücksmomente, gewinnt unser Zufriedensein an Unabhängigkeit von unserem Schicksal. Denn selbst in schwierigen Zeiten kann unser Herz von Freude berührt werden. Zudem kann das Schöne, das uns in den Zeiten der Not zufällt, uns wärmen und trösten wie ein Feuer in einer kalten Nacht. So getröstet, müssen wir nicht bitter werden und uns verhärten. Desgleichen müssen wir uns nicht so schrecklich grämen ob all des Leids, das uns widerfährt, haben wir doch ebenso Grund zur Freude und zur Dankbarkeit.

Indem wir die Kirschblüten und das Kinderlachen, die Schmetterlinge und die Sterne ins Herz schließen, werden wir dankbarer und bescheidener – und ebnen damit unserer Zufriedenheit den Weg.

Eine akzeptierende Haltung

Wertschätzung ist ein sicherer Weg
zur rechten Einschätzung.

Unbekannt

Um die unscheinbaren Glücksmomente zu erkennen, brauchen wir nicht nur ein offenes Herz, sondern einen ebenso offenen Geist. Er muss bereit sein, alle möglichen Ausdrucksformen von Freude zu akzeptieren und nicht nur Höhepunkte als Freudenmomente zu beurteilen.

Gewohnheitsgemäß teilen wir die Welt in uns Wichtiges und uns Unwichtiges ein. Desgleichen bei der Freude. So ist zum Beispiel ein Karriereerfolg es uns wert, dass wir uns freuen, der süße Duft einer Rose hingegen scheint uns zu wenig bedeutungsvoll, um Anlass zur Freude zu geben. Wir legen also einen Maßstab an die Freude an, der auf unseren persönlichen Vorlieben und Abneigungen basiert. Was diesem Maßstab nicht entspricht, fällt uns aus dem Blick. Nicht beachtet wird deshalb der erste Krokus des Frühlings, das junge Kätzchen und der Geruch frisch gemähten Grases. Allzu viel Freudvolles wird auf diese Weise einfach verpasst.

Natürlich ist befördert zu werden aufregender und einschneidender, als an einer Rose zu schnuppern oder einem Kätzchen beim Spiel zuzusehen – doch beides bringt Freude. Es ist nur unser »Ich«, das dem Duft keinen Wert zuschreibt und das Katzenspiel wertlos findet. Unterlassen wir es hingegen, die Wirklichkeit unserem Ich und seinen Wünschen gemäß einzuteilen, erschließen sich uns alle möglichen Quellen der Freude. Denn so konzentrieren wir uns nicht einzig auf »meine Freude«, sondern einfach auf Freude.

Richten wir unseren Geist nicht ausschließlich auf das Glück, das wir uns wünschen, helfen wir ihm, Freude zu akzeptieren, ohne sie zu selektieren oder abzuweisen. Derart können wir eine Freude, wie bescheiden und klein sie auch sei, als eine Gabe erkennen. Als ein Geschenk, das uns zufällt – nicht zum Besitzen oder zum Behalten, nein zum Würdigen, Schätzen und dankbar Annehmen.

Indem wir eine akzeptierende Haltung kultivieren, haben wir nicht nur mehr Anlass zu Freude, sondern gleichzeitig fördern wir auch noch die Zufriedenheit – ist doch, wie wir wissen, das Akzeptieren des Gegebenen eine wesentliche Voraussetzung fürs Zufriedensein.

Zeit

Zeit, die wir uns nehmen,
ist Zeit, die uns etwas gibt.

Ernst Ferstl

Nachdem die zur Beachtung der kleinen Freuden notwendigen Voraussetzungen festgelegt und ihre guten Wirkungen auf das Zufriedensein gepriesen worden sind, wollen wir uns nun dem Praktischen zuwenden. Was muss ganz konkret vorhanden sein, wird gefragt, um den kleinen Freuden in unserem Leben Raum geben zu können?

Eigentlich braucht es nicht viel – es verlangt von uns nur etwas Zeit, nur einen kleinen Moment. Lassen Sie mich dies erläutern, indem ich Ihnen eine Geschichte erzähle:

Ein Bekannter von mir, ein vielbeschäftigter Tierarzt, hat mir einmal geschildert, wie er darauf kam, sich regelmäßig für einen Moment der Freude Zeit zu nehmen. Er habe, erzählte er, einmal Notfalldienst gehabt und sei eben nach einer schweren Kälbergeburt aus dem Stall getreten, als er zu einem weiteren Fall gerufen wurde. »So erledigt war ich«, sagte er, »dass ich mich, statt wie üblich gleich weiterzueilen, ans Auto lehnte und in den Himmel starrte.« Im klarblauen Himmel, schilderte er mir, hing eine einzelne Wolke. Flaumig weiß und behäbig sei sie über ihm geschwebt, und während er sie beobachtete, habe sie fast unmerklich ihre Form verändert. »Nur fünf Minuten oder so habe ich dem Spiel dieser Wolke zugeschaut«, führte er aus, »aber der Effekt war erstaunlich. Ich fühlte mich gesammelt, heiter und hatte neue Energie getankt.«

Von diesem Tag an hat mein Bekannter es sich zur Gewohnheit gemacht, sich jeden Tag kurz Zeit zu nehmen für seine »himmlischen fünf Minuten«, wie er das Wolkengucken benannt hatte.

Ich gebe Ihnen diese Geschichte darum weiter, weil ich mir dessen bewusst bin, dass es für manche von uns schon fast zu viel verlangt ist, ganze fünf Minuten nur der Freude zu widmen.

Zeit ist etwas, das uns zu fehlen scheint. Meist ist sie bereits kalkuliert – dies und das gilt es zu erledigen, dies und das haben wir uns vorgenommen. Um die Zeit einzuholen und sie zu sparen, sind wir oft in Eile – kaum ist das eine fertig, hetzen wir zum Nächsten. Unsere Zeit ist ein kostbares Gut, das wir eifersüchtig bewachen. So können fünf Minuten uns zu teuer scheinen, um sie mit einem unscheinbaren Glücksmoment, wie zum Beispiel dem Betrachten einer Wolke, zu verbrauchen.

Doch auch das Spiel der Wolken muss uns etwas wert sein. Sich Zeit für die Freude zu nehmen, das darf uns nicht zu viel kosten. Denn eine freudige Zeit, so kurz sie sein mag, ist ein kleines Stück Zufriedenheit. Und für unsere Zufriedenheit sind wir doch gewiss bereit, den Preis zu zahlen?

Lassen wir es doch einfach sein, der Zeit hinterherzulaufen, und bleiben auch mal still stehen. Mal nur *sein* – nicht von etwas kommen oder auf dem Weg zu etwas sein. Das Gehetze hinter uns lassen. Einen Moment lang nur in der Gegenwart weilen. Ganz da sein – ganz bei dem, was sich gerade jetzt abspielt: beim Wolkenspiel, beim Schillern der Schmetterlingsflügel oder beim Sonnenstrahl, der unsere Haut streichelt.

Wir können uns nur wirklich freuen, das darf man nicht vergessen, wenn wir präsent sind, wenn wir am gegenwärtigen Moment teilnehmen.

Die Freude liegt schlussendlich weder in den Wolken, den Schmetterlingen noch im Sonnenstrahl, nein, sie liegt darin, mit dem Herzen bei der Sache zu sein.

Ruhe und Stille

Nur in der Stille hörst du jeden Laut.

Henning Sabo

Still zu stehen hilft uns, gegenwärtig zu sein und so die unscheinbaren Freuden genießen zu können. Ebenso hilfreich ist es, uns Ruhe zu gönnen. Um beglückt zu werden, dürfen wir uns nicht ständig ablenken lassen.

Das hingegen ist leichter gesagt als getan. Wir leben in einer Spaßgesellschaft, die es uns nicht leicht macht, zur Ruhe zu kommen. Sie hat uns darauf getrimmt, dass stets etwas laufen muss. Sie verbreitet Angst, dass uns Langweile und Leere drohen, wenn wir nicht ständig unterhalten werden.

Und so stellen wir beim Aufstehen schon das Radio an, zum Essen lesen wir die Zeitung, sind wir unterwegs, hören wir Musik, und den Abend verbringen wir vor dem Fernseher. Keine Minute lassen wir unsere Sinne in Ruhe.

Sogar wenn wir es möchten, selbst wenn wir der ständigen Stimulation entkommen wollen, wird uns dies erschwert. Musik berieselt uns in Kaufhäusern, Restaurants, Untergrundgaragen, in Liften. Ganz und gar unausweichlich ist die Werbung – von allen

Seiten versucht sie uns zu animieren. Rundum werden wir bombardiert mit Eindrücken.

Als Folge haben wir uns schon derart an das ständige Getriebe gewöhnt, dass es eine Weile braucht, bis wir tatsächlich zur Ruhe kommen können. Halten wir äußerlich inne, geht es innerlich einfach weiter. Statt dass Ruhe sich ausbreitet, jagt ein Gedanke den anderen – Gesprächsfetzen gehen uns durch den Kopf, wir machen Einkaufslisten, träumen von Ferien, wälzen Probleme oder planen Lösungen.

In solchen Fällen bedürfen wir ganz dringend unserer Achtsamkeit. Denn sie ist fähig, die inneren Ablenkungen als solche zu erkennen. Dadurch kann sie uns helfen, Gedanken und Pläne nicht weiter zu verfolgen und dafür dem jetzigen Moment Platz zu machen. Und zwar einem Moment, in dem nichts läuft, es einzig still ist.

Dass ein solch stiller Moment tatsächlich als langweilig und leer empfunden werden kann, lässt sich nicht verleugnen. Je mehr wir uns normalerweise ablenken lassen, desto schwerer fällt es uns, die Abwesenheit von Stimulation auszuhalten. »War's das jetzt schon?«, denken wir, und das macht uns ein wenig Angst. Plötzlich stehen wir dem Leben ohne die schönen bunten Abwechslungen gegenüber, mit denen es sonst ausgestattet ist. Plötzlich setzen uns all die Dinge zu, an die wir eigentlich lieber nicht denken möchten.

Wenn wir in diesen Momenten dem Drang widerstehen, uns schnell etwas Unterhaltsamerem zuzuwenden; wenn wir bereit sind, uns der Leere zu stellen und die Stille zuzulassen, so werden sich Ängste und Langeweile mit der Zeit von selbst verflüchtigen.

Und dann – wenn nichts unsere Aufmerksamkeit vom »Jetzt« ablenkt und unsere überreizten Sinne zur Ruhe kommen, wenn es still wird und nichts anderes läuft, als dass wir einatmen und wieder ausatmen und das Herz pocht und pocht und pocht – dann können wir das Wunder erkennen, das sich gerade jetzt abspielt. Wir leben! Welche Freude! Welch ein herrliches Geschenk!

Das Entdecken der kleinen Freuden

Es ist schön, mit den kleinen Dingen
glücklich zu sein.

Jeremias Gotthelf

Kleine Kinder haben keine Mühe damit, die unscheinbaren Freuden zu entdecken. Ständig stolpern sie über neue Wunder: ein Stück Schnur, eine Muschel, ein Krabbelkäfer – alles herrliche Dinge, auf die zu stoßen Freude macht. Sich eine Viertelstunde lang mit der Schnur zu beschäftigen, sie diesem und jenem umzubinden und dabei Spaß zu haben – das schaffen Kinder mühelos.

Wir Erwachsenen hingegen haben diese Mühelosigkeit verlernt. Wir sind rostig geworden darin, unscheinbaren Dingen und Momenten Beachtung zu schenken und uns an ihnen zu freuen. So brauchen wir etwas Übung darin, die Achtsamkeit auf die kleinen, glücklichen Momente zu richten. Wir müssen uns ein wenig Mühe geben, wieder feinfühliger und hellhöriger zu werden. Wir müssen, kurz gesagt, wieder lernen, uns der Freude gegenüber zu öffnen.

Dies zu lernen ist hilfreich. Freude kann man ja weder erzwingen noch manipulieren. Sind wir ihr gegenüber jedoch offen, werden wir mit der Zeit ganz von selbst über Glücksmomente stolpern – so, wie wir es einst als Kinder taten.

Um sich der Freude überhaupt öffnen zu können, braucht man manchmal etwas Hilfe. Zuweilen ist es nötig, dass man sie absichtlich kultiviert. Dies lässt sich verwirklichen, indem man selbst freudvolle Anlässe kreiert, ja, man sich ganz bewusst Momente des Wohlgefühls gönnt. So kann man beispielsweise den Körper in einem warmen Bad entspannen oder ihn ausgiebig strecken; eine Katze streicheln oder jemanden umarmen. Die Nase kann man mit Düften erfreuen, die Augen mit Schönem verwöhnen, den Geist mit Interessantem erquicken – so vieles kann Freude bereiten. Frisch gewaschene Haare zum Beispiel. Ein gutes Werkzeug. Ein Mittagsschlaf. Im Auto zu singen. Ins Feuer zu sehen. Fließendem Gewässer zuzuschauen. Etwas Kompliziertes doch zu verstehen. Etwas aus der Höhe zu betrachten. Ein Erfolgserlebnis feiern. So richtig faul sein.

Die Liste könnte noch lange fortgeführt werden – die Auswahl von kleinen Freuden ist reichhaltig! Greifen Sie zu, gönnen Sie sich die eine oder andere, verwöhnen Sie sich!

Dank den unscheinbaren Wundern

Vor dem Baum, der Schatten wirft,
soll man sich verneigen.

Unbekannt

Einen Finger würde man normalerweise kaum als ein Wunder bezeichnen. Und doch ist er das – er ist eine fabelhafte Einrichtung der Natur und uns ein Segen. Wie es dazu kam, dass ich dies erkannte, das will ich Ihnen hier schildern.

Jahrzehntelang hatte mein Daumen nur dann meine Beachtung gefunden, wenn ich ihm den Nagel kürzte. Bis zum dem Tag, als ich ihn brach. Nun schmerzte er bei jeder Bewegung, und das Schlimmste war: Ich konnte ohne ihn kaum mehr richtig greifen.

Da realisierte ich plötzlich, was dieser Finger mir normalerweise alles ermöglichte. Ich begann ihn wertzuschätzen, jetzt, da ich erlebte, wie wichtig er war. Als der Bruch verheilt war, dankte ich meinem Daumen jedesmal, wenn ich seinen Nagel schnitt, dass er mir so gefällig diente.

Ich bin bestimmt nicht die Einzige, die zu vieles für selbstverständlich nimmt; die nicht beachtet, wie wundervoll es beispielsweise ist, dass das Herz schlägt und dass der Magen das Essen verdaut. Und ich bin bestimmt nicht die Einzige, die zu wenig dankbar ist für all die unscheinbaren Wunder.

Uns allen mangelt es manchmal an Dankbarkeit. Dabei gäbe es ja der Anlässe genug: Wir könnten dankbar sein für alles, was an unserem Körper gesund ist und funktioniert. Wir könnten dankbar sein, wenn wir es warm und bequem haben. Wir könnten dankbar sein, wenn wir Hunger und Durst stillen können. Wir könnten dankbar sein, wenn wir von Unangenehmem verschont bleiben, dankbar, wenn Leiden wieder vergehen. Wir könnten dankbar sein wegen dem, was wir direkt oder indirekt von anderen Menschen erhalten. Wir könnten, nicht zuletzt, dankbar sein, dass wir leben.

Dankbar zu sein erhöht das Zufriedensein, denn die Dankbarkeit hat ein großes Freudenpotenzial. Sie vertieft unsere Freude, und gleichzeitig vermehrt sie sie. Wir fühlen uns vom Leben reich beschenkt. In einem dankbaren Herzen herrscht Sonnenschein. Angesichts dessen frage ich Sie: »Haben Sie heute schon gedankt?«

Praktische Tipps

Sich für die Freude Zeit nehmen

Versuchen Sie sich ab und zu zehn Minuten Freude zu gönnen.

- Nehmen Sie sich zum Beispiel fürs Kaffeetrinken nicht weniger als zehn Minuten Zeit.
- Lassen Sie etwas Schönes – zum Beispiel Musik, einen Film,

einen Kuss, ein gutes Gespräch – nachklingen, indem Sie zehn Minuten vergehen lassen, bis Sie sich der nächsten Tätigkeit zuwenden.

- Bleiben Sie zehn Minuten bei der Betrachtung von etwas Schönem – einem Gemälde, einer Aussicht, dem Fallen der Schneeflocken, dem Wiegen der Ähren im Wind usw.

Proviant für Zeiten der Not
Führen Sie ein paar Wochen lang ein Freudenmomente-Buch. Notieren Sie jeden Tag mindestens eine kleine Begebenheit, die Ihnen Freude brachte und für die Sie dankbar sein können. So werden Sie wacher für die unscheinbaren Glücksmomente. Zudem können Sie diese Notizen in schwierigen Lebenslagen, in denen es Mühe macht, die schönen Dinge zu erkennen, zu Hilfe nehmen.

7 Freundlich sein

Hast du freundliche Augen?
Dann wirst du viele liebenswürdige Menschen sehen.

PETER HOHL

Im vorherigen Kapitel wurde dargestellt, wie unser Zufriedensein gefördert wird, indem wir unsere eigene Freude kultivieren. Nun will ich schildern, wie sich Zufriedenheit ausbreitet, wenn wir anderen Menschen eine Freude machen und zu ihnen freundlich sind.

Ausgangspunkt ist die Tatsache, dass Zufriedenheit und Wohlwollen Hand in Hand gehen, ja, dass sich ein zufriedener Zustand nur in einer Atmosphäre von Wohlwollen entfalten kann. So ist es doch ausschließlich das liebe- und respektvolle Umgehen miteinander, das uns Menschen ermöglicht, friedlich und harmonisch zusammenzuleben. Sind wir unseren Mitmenschen hingegen schlecht gesonnen, ernten wir Spannungen und Streit – und entfernen uns dadurch vom Zufriedensein.

Wohlwollen manifestieren

Man muss das Gute tun, damit es in der Welt sei.

MARIE VON EBNER-ESCHENBACH

Wir alle wissen, dass es sich angenehmer lebt, wenn man mit niemandem Streit hat. Es ist für uns alle unbestritten, dass es erfreulicher ist, keine Feinde zu haben, als verfeindet zu sein. Und wer von uns möchte nicht ein netter Mensch sein? Ja, theoretisch möchten wir das alle. Theoretisch möchten wir alle lieber im Frieden miteinander leben.

Es reicht aber nicht, Wohlwollen nur als theoretisch gute Idee oder als edle Absicht mit sich herumzutragen. Wohlwollen muss sich manifestieren. Wenn wir zum Beispiel in dem Moment, wenn jemand uns auf die Nerven geht, mit Gehässigkeit reagieren, nützt unser schöner Vorsatz niemandem. Wir müssen auch bei Nervensägen respektvoll bleiben und Rücksicht an den Tag legen. Unser Wohlwollen muss erkennbar sein, und unser guter Wille muss zum Ausdruck gebracht werden. Wir müssen zu unseren Mitmenschen tatsächlich nett sein. Erst dann – erst wenn Liebe aus unserem Herzen fließt und sich in Freundlichkeit manifestiert – kultivieren wir unser Wohlwollen wirklich. Dann erst *wollen* wir nicht nur ein freundlicher Mensch sein, sondern *sind* es wirklich.

Zu allen freundlich sein

Wer am besten dulden kann,
der kann am besten handeln.

Samuel Smiles

Von der Absicht zur Tat zu schreiten ist nicht immer einfach. Es ist keine leichte Aufgabe, unsere Herzenswärme spürbar zu machen und zu *allen* Menschen freundlich zu sein – zu den uns Sympathischen und zu den uns Unsympathischen.

So löst es beispielsweise Widerstand aus, nett zu sein zu jemandem, den wir nicht mögen – zum missmutigen Nachbarn, zum Beispiel, oder zum kurz angebunden Beamten. Es widerstrebt uns, zu einer Person freundlich zu sein, die uns verstimmt oder verärgert hat. Wer nicht nett ist zu uns, denken wir, verdient unsere Freundlichkeit nicht. Und überhaupt, wieso sollten wir uns bemühen, wenn der andere es offensichtlich nicht tut?

Argumentieren wir aber so, herrscht in unserem Herzen eine gehässige Stimmung. Indem wir einen Menschen von unserer Freundlichkeit ausschließen, kultivieren wir ein unfriedvolles Herz. Bleiben wir hingegen freundlich, selbst wenn wir es mit einem unliebsamen Mitmenschen zu tun haben, erhalten wir seinen Frieden. Und darum geht es ja eigentlich: im eigenen Herzen die friedlichen und freundlichen Qualitäten zu stärken, so dass wir Wohlwollen von Herzen weitergeben können.

Oft denken wir jedoch, dass es uns nicht stärkt, sondern schwächt, wenn wir unfreundlichen Menschen gegenüber freundlich sind. Wir haben das Gefühl, uns dadurch etwas zu vergeben oder gar das Gesicht verlieren zu müssen. Doch das Gegenteil ist der Fall. Unsere Würde wird nicht beeinträchtigt, nein, wir können den Kopf hochhalten. Wir haben unser Herz frei gehalten von Hass – trotz widriger Umstände. Wir haben Unfrieden vermieden, wir haben ein Stück zum Frieden beigetragen. Und das ist eine Stärke, keine Schwäche.

Und schließlich, das darf man nicht vergessen, müssen wir uns gar nichts vergeben. Wir müssen Menschen, die uns nicht wohlgesonnen sind, weder ins Herz schließen noch an unsere Brust drücken. Und wir müssen sie auch nicht auf uns herumtrampeln lassen – wir müssen ihnen gegenüber einfach anständig bleiben.

Wir vergelten Gleiches nicht mit Gleichem. Wir beschimpfen den Autofahrer nicht, der uns die Parklücke stiehlt. Wir bleiben höflich. Wir beleidigen den Verkäufer nicht, der uns warten lässt. Wir bleiben höflich. Wir kränken die Mitarbeiterin nicht, die uns Steine in den Weg legt. Wir bleiben höflich. Ja, wir bleiben in jeder Lage respektvoll. Und das ist auch Freundlichkeit. So drückt sich unser Wohlwollen ebenfalls aus, denn wir verursachen dem anderen ja ganz bewusst keine Schmerzen. Das macht uns schlussendlich zu Siegern statt zu Besiegten.

In jedem Falle freundlich sein

> *Gabe mit Gegengabe im Sinn ist Gift.*
>
> MANFRED HINRICH

Manchmal haben wir Hemmungen, freundlich zu sein. Nicht, dass wir unfreundlich sein möchten, nein, aber wir sind uns manchmal einfach nicht sicher, ob unsere Nettigkeit überhaupt erwünscht ist. So wagen wir es nicht, unser Wohlwollen auszudrücken. Wir haben Angst vor einer möglichen Zurückweisung.

Diese Scheu ist im Prinzip unnötig. Wir können nämlich davon ausgehen, dass jeder Mensch freundlich behandelt werden möchte – genauso wie wir. Ein Blick in unser eigenes Herz genügt, um das zu bestätigen – wie gut tut es ihm doch, wenn man zu uns freundlich ist!

Es kann im Alltag natürlich trotzdem geschehen, dass Menschen auf unsere Freundlichkeit nicht mit Freude und Dankbarkeit reagieren. Es gibt tatsächlich undankbare, unhöfliche und missmutige Menschen. Und wir begegnen unweigerlich ab und zu solchen, die auf unsere Freundlichkeit mit Misstrauen reagieren, die meinen, wir seien nur nett, weil wir etwas von ihnen wollen. Unsere Gabe kann tatsächlich abgewiesen, nicht beachtet und abgewertet werden. Wir ernten also mit unserer Freundlichkeit nicht immer positive Reaktionen, ja, es geschieht sogar, dass man uns verletzt. Deswegen jedoch aus lauter Vorsicht einfach nicht mehr freundlich zu sein, das wäre nicht sinnvoll. Besser ist es, sich zu schützen. So können wir uns zum Beispiel von unfreundlichen Menschen fernhalten und uns nicht auf sie einlassen.

Natürlich ist ausweichen nicht immer möglich. Manchmal benimmt sich unser Kind eben unmöglich; mitunter ist unser Partner gestresst und unsere Kollegin schlecht gelaunt. Unser bester Schutz ist deshalb, dass unsere Freundlichkeit unabhängig bleibt – was nichts anderes heißt, als dass wir Freundlichkeit nicht dafür einsetzen, etwas zu erhalten; dass wir also nicht auf eine Belohnung hoffen. Erst so werden wir unabhängig vom Resultat unseres Nettseins und schützen uns vor Enttäuschung und Schmerz.

Leider setzen wir uns hin und wieder eigenhändig der Gefahr aus. Manchmal nämlich sind wir freundlich, weil wir etwas wollen. Wir suchen zum Beispiel Bestätigung. Wir möchten, dass man uns liebenswert findet, und wir würden gerne dafür gelobt. Andere Male wünschen wir uns Dankbarkeit, denn sie schmeichelt uns, bewirkt, dass wir uns stark und wichtig fühlen. Mitunter haben wir im Sinn, uns die Dankbarkeit der anderen zunutze zu machen, da sie uns in unseren Augen etwas schulden. Kurz gesagt: Wir sind mit unserer Freundlichkeit ab und zu auf etwas aus.

Und so können wir tatsächlich etwas verlieren. Dann müssen wir wirklich Angst davor haben, dass man unsere Nettigkeit nicht will, sie zurückweist, gar missbraucht. Solange unsere Freundlichkeit ein Resultat haben oder eine Ego-Bestätigung sein soll, sind wir leicht verletzt. Da wir die Reaktionen anderer persönlich nehmen, können unser Stolz und Selbstvertrauen schnell angeschlagen werden. Zudem bringen wir damit einen unheilsamen Kreislauf in Gang: Wir sind motiviert von einem Begehren nach etwas, und müssen somit Angst haben, es nicht zu erhalten, müssen leiden, wenn es nicht kommt.

Wollen wir von den anderen hingegen nichts und versuchen nicht, ihnen etwas zu beweisen, dann sind wir unabhängig von ihren Reaktionen und bleiben geschützt. Gleichzeitig schützen wir so die anderen, denn wir setzen sie weder unserem Begehren noch unseren Manipulationsversuchen aus. Eine unabhängige Freundlichkeit kann also rundum Frieden bringen.

An dieser Stelle will ich Ihnen eine Geschichte aus dem Alltag erzählen. Ich habe sie einmal an einer Radiosendung gehört, und sie scheint mir gut zu veranschaulichen, was geschehen kann, wenn das Freundlichsein mit dem eigenen Ego und seinen Wünschen verhängt ist.

Eine Frau erzählte Folgendes: »Als ich einmal auf dem Heimweg war, hielt eine Nachbarin neben mir an und erbot sich, mich im Wagen mitzunehmen. Da die Sonne schien und ich mich auf den Spaziergang gefreut hatte, lehnte ich das Angebot dankend ab. Als ich dieser Nachbarin das nächste Mal begegnete«, berichtete die Frau weiter, »war sie kurz angebunden. Ich konnte nicht verstehen, warum, war sie doch bisher immer nett gewesen. Hatte ich etwas Falsches gesagt?«

»Das Rätsel löste sich«, fuhr die Frau fort, »als ich beim Unkrautjäten unfreiwillig ein Gespräch im Garten nebenan hörte. Darin beklagte sich eben diese Nachbarin über mich. Sie nannte mich arrogant und undankbar. Ich hätte sie einfach ignoriert, obschon sie doch extra angehalten hatte, um mich mitzunehmen.«

Weil diese Version ganz eindeutig von der Wahrheit abwich, zog die Frau den Schluss, dass ihre Nachbarin den Vorfall persönlich genommen hatte und sich beleidigt oder zurückgewiesen gefühlt haben musste. Trotz dieser Erklärung aber fühlte die Frau, wie sie dem Interviewer eingestand, sich ein wenig gekränkt, schlecht dargestellt zu werden, nur weil sie ein freiwillig gemachtes Angebot ausgeschlagen hatte. Dennoch habe sie beschlossen, die Sache auf sich beruhen zu lassen. »Mir liegt viel an friedlichen nachbarschaftlichen Beziehungen«, sagte sie, »und so gab ich mir Mühe, weiterhin anständig zu dieser Nachbarin zu sein. Und falls sie mich immer noch arrogant findet«, die Frau lachte, »nehme ich das in Kauf. Ich weiß ja, dass ich es nicht bin!«

Auch wir könnten fröhlich bleiben – das hoffte ich mit dieser Geschichte zu zeigen –, würden wir so handeln wie diese Frau. Denn üben wir uns in Freundlichkeit und verletzen niemanden, können wir in unserem Herzen den Frieden bewahren und zufrieden bleiben. Haben wir den Mut, unseren Mitmenschen gegenüber, wenn immer möglich, nett zu bleiben und auf jeden Fall anständig zu sein, können wir uns darüber freuen, dass wir der Welt ein Stück mehr Liebe geschenkt haben.

Ein freundliches Lächeln

Wenn du jemanden ohne Lächeln siehst,
gib ihm deines.

Burmesisches Sprichwort

Eine der tausend Möglichkeiten, um Freundlichkeit auszudrücken, ist das Lächeln. Meiner Meinung nach ist dieses fast die kostbarste Gabe, die uns in die Wiege gelegt wurde und die wir weiterschenken können. So will ich dieses Kapitel damit beenden, Ihnen das Lächeln anzupreisen.

Lächeln ist der kürzeste Weg von einem Herz zum anderen – Lächeln kommt vom Herzen, und es spricht direkt zu ihm. Schon das allein macht es wertvoll. Zudem wird es auf der ganzen Welt und von allen Menschen verstanden. Sogar ohne Worte kommuniziert ein freundliches Lächeln unser Wohlwollen. Seine Sprache ist universell. Und nicht zuletzt ist lächeln uns allen angeboren, wir müssen es nicht einmal erlernen. Wir müssen uns einzig daran erinnern, es zu tun – und nie vergessen, was es bringt: Zufriedene Menschen lächeln. Glückliche Menschen lächeln. Heitere Menschen lächeln. Buddha, auf welche Weise er auch dargestellt wird, lächelt.

Die Kraft des Lächelns

Ein Lächeln kann die Sonne aufgehen lassen.

Else Panneck

Wie ein Sonnenstrahl bringt Lächeln Licht und Wärme in unser Leben. Werden wir angelächelt, fühlen wir uns gleich besser. Sie selbst haben bestimmt schon erlebt, wie ein Lächeln, das Ihnen geschenkt wurde, einen grauen Tag erhellt hat. Oder wie es Ihre Scheu vertrieben, Ihnen die Angst genommen hat. Lächeln baut auf, tut gut. Es hat die Kraft, die Herzen zu öffnen und zu läutern.

Selbst zu lächeln wirkt heilend. Wir lassen Liebe durch uns hindurchströmen und öffnen uns der Heiterkeit und dem Frieden. Lächeln wir, schmelzen wir unsere eigenen Verhärtungen, und Gestautes kommt in Fluss. Verkniffenheit lockert sich, Abwehr bröckelt. Unsere Züge verwandeln sich – wir werden schön, wir strahlen.

Lächeln wir, wärmt unser Strahlen zugleich die anderen. Die Traurigen heitert es auf. Den Verzagten macht es Mut. Den Schüchternen vertreibt es die Angst. Den Fremden nimmt es die Scheu. Die, die uns zu Diensten stehen, fühlen sich wahrgenommen und geschätzt. Und niemand braucht so bitter nötig ein Lächeln wie diejenigen, die für uns keines übrig haben.

Derart viel Gutes kann eine so kleine Geste wie ein freundliches Lächeln bewirken! Lächeln Sie also so oft wie möglich!

Praktischer Tipp

Um das Lächeln zu entfalten und zu stärken

Manchmal gelingt uns nur ein falsches Lächeln. Wir verziehen zwar die Lippen, doch erreicht das Lächeln unsere Augen nicht.

Mitunter haben wir Mühe, uns überhaupt ein Lächeln abzuringen. Ab und zu gar kommt es uns ganz abhanden, und wir können uns nicht einmal selbst zulächeln.
Die Kraft des Lächelns zu spüren, sie zu entfalten und zu stärken – dazu hilft die folgende Übung:

> *Eine Übung,*
> *die von Kopf bis Fuss erfrischt,*
> *ist das Anheben der Mundwinkel.*
>
> Else Pannek

Das innere Lächeln[17]

- Suchen Sie sich einen ruhigen Platz, lockern Sie Ihre Kleidung.
- Nehmen Sie die Haltung ein, in der Sie normalerweise meditieren. Sie können sich auch auf einen Stuhl setzen, und zwar an der Stuhlkante bequem auf die Sitzknochen. Die Füße stehen fest auf dem Boden, die Beine sind hüftbreit geöffnet. Sitzen Sie aufrecht und bequem, die Schultern entspannt, die Hände in den Schoß gelegt.
- Schließen Sie die Augen, und atmen Sie natürlich.
- Entspannen Sie die Stirn, und stellen Sie sich vor, dass Sie einem lieben Menschen begegnen oder etwas Schönes erblicken. Sammeln Sie die liebevolle Energie, die diese Vorstellung hervorruft, in den Augen.
- Lassen Sie die Energie aus den Augen das Gesicht hinunterströmen, über die Wangen nach unten zum Mund. Heben Sie dessen Winkel leicht an. Entspannen Sie dabei ihre Zunge und Ihren Kiefer. Dieses Stellung behalten Sie während der restlichen Übung bei.
- Lenken Sie ihr Lächeln und seine liebevolle Energie nun in Ihren Hals und Nacken. Lächeln Sie in Ihren Hals, und

spüren Sie, wie das Lächeln seine Blockaden zum Schmelzen bringt und ihn öffnet.

- Lenken Sie Ihr Lächeln dann in Ihre Kehle, und spüren Sie, wie sich diese öffnet und wie eine Blume aufblüht.
- Lassen Sie die lächelnde Energie nun nach unten strömen. Füllen Sie Ihren ganzen Brustkorb mit Ihrem Lächeln. Spüren Sie, wie sich Ihr Brustkorb ausdehnt. Holen Sie tief Atem, und seufzen Sie aus, was Sie noch bedrückt. Spüren Sie, wie sich Ihr Brustkorb weitet.
- Lenken Sie Ihr Lächeln nun ins Herz, und spüren Sie, wie es sich mit Freude füllt, wie es weich wird und sich entspannt, nun leichter schlägt.
- Lassen Sie die lächelnde Energie nach unten in Ihren Bauch strömen, und lächeln Sie in Ihren Nabel. Spüren Sie, wie sich aus ihm Wärme ausbreitet und wie Ihr ganzer Bauch sich entspannt und weich wird.
- Lenken Sie das Lächeln nun in Ihr Becken. Spüren Sie, wie es lebendig wird und sich mit Kraft füllt.
- Zum Abschluss kehren Sie zurück zu Ihren Augen. Lenken Sie das Lächeln nochmals, diesmal zügiger, von den hochgezogenen Mundwinkeln hinab durch den ganzen Körper. Spüren Sie die Energie wie einen Wasserfall der Liebe und Freude durch den ganzen Körper nach unten fließen. Spüren Sie, wie sich Ihr ganzer Körper im Strahlen des Lächelns sonnt. Wenn Sie irgendwo verbliebene Spannungen spüren, lächeln Sie dort so lange hin, bis sie sich auflösen.
- Lassen Sie den wohligen Zustand noch etwas nachklingen. Danken Sie schließlich dem Lächeln für seine Gaben und sich selbst, dass Sie sich diese gegönnt haben. Öffnen Sie dann langsam wieder die Augen.

8 Großzügigkeit

Lass fünfe gerade sein und sechse krumm,
und mach aus elf ein Dutzend.

Schwäbisches Sprichwort

Es gehört zu unserem Alltag, dass wir ab und zu in Situationen geraten, in denen etwas schiefläuft. Wir machen zum Beispiel einen Fehler, uns unterläuft ein Irrtum, oder andere verderben uns etwas mit ihren Fehlgriffen. In solchen Situationen die Nerven zu behalten, den Sichtwechsel trotzdem zu vollziehen und dadurch zufrieden zu bleiben – das fällt uns nicht immer leicht.

Immer dann, wenn etwas misslingt oder fehlschlägt, stehen wir dem Ärger näher als der Befriedigung und dem Frieden. Ja, es geschieht vielfach automatisch, dass wir mit Verstimmung reagieren. Schon diese spontan aufsteigende Verärgerung zu überwinden stellt eine Herausforderung dar.

Stellen Sie sich zum Beispiel vor, Sie würden ein Regal montieren und müssten feststellen, dass Sie die Bretter falsch ausgemessen haben: Sie sind zu kurz. Das würde Sie ärgern, nicht wahr? Sie würden sich vielleicht über Ihr Versehen aufregen, sich gar der Unfähigkeit bezichtigen. Auf jeden Fall würde es Sie eine gewisse Anstrengung kosten, sich mit der Lage anzufreunden. Sicher müssten Sie sich ebenso Mühe geben, den Ärger zu überwinden, wenn ein anderer, ein Schreiner zum Beispiel, das Regal falsch montiert hätte. Wahrscheinlich würden spontan Vorwürfe und Schuldzuweisungen in Ihnen aufsteigen, die zu kontrollieren Ihnen etwas abverlangen würde. Kurz und gut – in einer solchen Lage zufrieden zu bleiben, das wäre nicht ganz einfach.

Zufrieden zu bleiben, wenn die Dinge nicht wie gewünscht

ablaufen, kann uns erleichtert werden. Ja, das Überwinden des Ärgers, das Akzeptieren von Fehlerhaftem kann dadurch, dass wir die Haltung einnehmen, die nun vorgestellt wird, einfacher werden.

Innere Größe

Ich bezeichne diese innere Haltung, von der im Folgenden die Rede sein wird, als »Großherzigkeit« oder, wie sie üblicherweise genannt wird, als »Großzügigkeit«. Wie schon der Name ausdrückt, hat diese Haltung etwas mit »Größe« zu tun. Wie genau – das will ich Ihnen jetzt anhand einiger Beispiele beschreiben.

Stellen Sie sich vor, Sie würden am Bahnhof vor dem Fahrkartenschalter anstehen und wären beinahe an der Reihe, da würde jemand auf Sie zukommen und Sie bitten, Ihren Platz einnehmen zu dürfen – sein Zug fahre gleich ab. Falls Sie ihm diese Bitte mit der Begründung, »ich war zuerst da«, abschlagen würden, darüber hinaus auf Rechtmäßigkeit pochten – »jeder der Reihe nach, wo kämen wir sonst hin?« –, würden Sie keine Großzügigkeit bekunden, sondern sture Prinzipienreiterei betreiben.

Stellen Sie sich weiterhin vor, Sie hätten einen Kuchen gebacken, der in sich zusammenfiele, kaum dass Sie ihn aus dem Ofen genommen haben. Falls Sie auf diese Enttäuschung mit Vorwürfen reagieren würden, über sich selbst herfallen und sich ausschelten würden: »Du bist ja nicht einmal zum Kuchenbacken fähig«, wären Sie nicht großzügig. Würden Sie sich hingegen zugestehen, dass solche Missgeschicke geschehen können, und sich damit trösten, dass der Kuchen trotzdem gut schmeckt, hätten Sie Großzügigkeit an den Tag gelegt.

Und nun stellen Sie sich vor, Sie wären der Anfrage Ihres Kindes nachgekommen und ließen es für ein kleines Entgelt den Rasen mähen. Nach getaner Arbeit würden Sie das Resultat inspizieren und müssten feststellen, dass der Rasenmäher nicht an seinen üblichen Ort zurückgestellt worden ist und der Rechen überhaupt nicht. Würden Sie Ihrem Kind deswegen Vorhaltungen machen, ihm gar etwas vom Lohn abziehen, könnte das nur als engherzig und kleinlich bezeichnet werden. Würden Sie hingegen ein Auge zudrücken und den Rechen selbst versorgen, wäre das eine großzügige Geste.

Eine großzügige Haltung – wie hoffentlich aus diesen Beispielen entnommen werden kann – zeichnet sich vor allem dadurch aus, dass man Größe zeigt. Großzügigkeit ist tatsächlich das Gegenteil von Kleinlichkeit und Engherzigkeit, ja, sie ist allen sturen, strengen, engstirnigen, rechthaberischen und besserwisserischen Haltungen entgegengesetzt. Ein großzügiges Herz ist im wahrsten Sinne des Wortes groß – in ihm findet all das Platz, was uns nicht passt, alles Unvollkommene und Unerwünschte, alles Fehlerhafte sowie alle Schwächen und alle Mängel.

Die Größe, die uns eine großzügige Haltung verleiht, ist genau das, was uns befähigt, die Ärger über Fehler zu überwinden, gütig zu bleiben und Zugeständnisse zu machen. Mit innerer Größe müssen wir weder immer Recht haben noch stets auf unserem Recht beharren, sondern wir sind fähig, nachzugeben und anderen den Vortritt zu lassen.

Im Gegensatz zum kleinmütigen Herzen, welches ganz ausgefüllt ist mit dem eigenen »Ich« und dessen Wünschen, können wir uns mit einem großmütigen Herzen von selbstbezogenen Sichtweisen distanzieren und loslösen. Befreit aus der engen Umklammerung des »Ichs« beschränken wir uns nicht ausschließlich auf »das ist mein Recht«, noch auf »ich habe Recht«. Wir kümmern uns nicht einzig um das, was »ich will«, noch darum, »wie ich es will«.

Befreit vom »Ich« und seiner Verärgerung, frei von Ablehnung und Anklage kann eine großzügige Haltung den inneren Frieden und den Frieden mit den Mitmenschen erhalten – und damit die Zufriedenheit. Größe zu zeigen macht, kurz gesagt, zufrieden.

Lassen Sie mich in Anbetracht dessen veranschaulichen, wie diese innere Größe im Alltag ausgedrückt werden kann.

Nachsichtig sein

Niemand ist perfekt. Uns allen unterlaufen Fehler, wir alle machen Missgriffe – wir sind schließlich menschlich. Und gerade weil wir menschlich sind, ist es uns unmöglich, uns kein einziges Mal zu irren, stets Recht zu behalten und keinerlei Schwächen zu haben. Wir können das nicht, die anderen können das nicht – niemand kann das.

Leider ignorieren wir diese menschlichen Züge immer wieder. Viel zu oft ärgern wir uns über die eigenen Unzulänglichkeiten, gestehen uns Fehler nicht zu, haben gar das Gefühl von Schuld, wenn uns einer unterläuft. Leider vergessen wir häufig, dass wir von den anderen ebenfalls nichts Perfektes erwarten können, und lassen uns zu Vorwürfen, Geschimpfe und Schuldzuweisungen hinreißen. Das ist schade. Denn erwarten wir so viel, werden wir genauso heftig enttäuscht. Und nicht zuletzt bringen die Anklagen uns in Unfrieden mit uns selbst wie auch mit unseren Mitmenschen.

Wären wir großzügigerweise etwas nachsichtiger, dann könnten wir uns das alles ersparen. Nachsicht, versichere ich Ihnen, lohnt sich!

Sich den Ärger sparen

> *Man soll sich nicht über die Dinge ärgern,*
> *denn das ist ihnen völlig egal.*
>
> EURIPIDES

Ganz besonders lohnend ist es, sich den Ärger über Fehlgeschlagenes zu sparen. Entrüstung bringt uns nichts – wir handeln uns einzig noch mehr Ärger ein und ganz bestimmt weniger Zufriedenheit.

Lassen Sie mich dies an einem Beispiel verdeutlichen. Nehmen wir zum Beispiel an, wir hätten von der Post ein Paket erhalten, das beim Transport beschädigt wurde. Selbstverständlich wäre das ärgerlich. Und natürlich müssten wir die Beschädigung nicht einfach großmütig auf sich beruhen lassen, sondern könnten Schadenersatz fordern. Das wäre unser Recht.

Doch brauchen wir dazu den Ärger nicht. Die spontan auftretende Empörung anzustacheln, uns anzufeuern und uns in die Schlacht zu stürzen – das ist unnötig, ja, sogar kontraproduktiv. Das Paket ist ja schon beschädigt, der Fehler schon geschehen – was bringt uns da der Zorn mehr als Unfrieden im Herzen? Und was erreichen wir wirklich, wenn wir beim Postamt anrufen und den Beamten, der das Telefon abnimmt, mit Vorhaltungen überhäufen? Rüffel machen unser Paket nicht wieder ganz. Dafür verbreitet sich der Ärger wie ein Lauffeuer. Wir haben andere verärgert, die wiederum auf uns zornig sind. Und unser Paket ist immer noch beschädigt. Die Chance, diesen Schaden zu beheben, ist sogar geringer geworden. Mit unserem Donnerwetter haben wir uns den guten Willen des Postbeamten verscherzt. Wir haben also nichts gewonnen, sondern etwas verloren.

Wie viel besser fahren wir mit Großzügigkeit! Im Falle des beschädigten Paketes, zum Beispiel, würden wir uns darüber ärgern – und den Ärger wieder loslassen. Wir wären uns dessen bewusst, dass Fehler geschehen können, und so wären wir nachsichtig. Wir würden den Postbeamten nicht abkanzeln, wir würden ihn einfach höflich fragen, ob er eine Möglichkeit sehe, die Sache wieder in Ordnung zu bringen. Damit hätten wir zweierlei gewonnen: Unser Herz bliebe frei von Unfrieden, und der Wiedergutmachung würde eine Chance gegeben.

Den Ärger möglichst gleich wieder loszulassen bringt offensichtlich rundum das bessere Resultat. Trotzdem bestehen wir manchmal darauf, genau das Gegenteil zu tun: Wir hätscheln unsere Empörung, wir hegen und pflegen unseren Groll. Wir klagen zum Beispiel noch Tage später über die Beschädigung unseres Paketes und schimpfen bei jeder Gelegenheit über die Unfähigkeit der Post. Wir sind, mit anderen Worten, nachtragend.

Da es sich indessen nicht auszahlt, den spontan entstandenen Ärger über Schiefgelaufenes nicht gleich wieder loszulassen, lohnt es sich erst recht nicht, ihn über längere Zeit mit sich herumzuschleppen. Nachtragend zu sein löst die Spannung nicht – es verlängert sie. Nachtragend zu sein verhindert entspanntes Zusammenleben und stört den inneren Frieden. Lassen wir die Glut des Zorns weiterglimmen, häufen wir Bitterkeit im Herzen auf. Und kratzen wir immer wieder an der Wunde, kann sie nicht heilen.

Für das Wohl aller wäre es förderlicher, wenn wir die schwelenden Vorwürfe nicht immer wieder aufflackern ließen, sondern sie ein für alle Mal löschen würden. Viel leichter wäre uns zumute, würden wir uns von der unnötigen Bürde befreien und Gras über die Sache wachsen lassen. Wollen wir zufrieden bleiben, sollten wir einen Schlussstrich ziehen und uns und die anderen mit dem Missgeschick, das ja schon längst vorbei ist, nicht mehr behelligen.

Ermuntern und aufbauen

> *An bösen Worten, die man herunterschluckt,*
> *hat sich noch niemand den Magen verdorben.*
> WINSTON CHURCHILL

Die Verstimmung über einen Fehler loszulassen spart uns nicht nur weiteren Ärger, es ist sogar die einzige Möglichkeit, um ihn gutzumachen. Ärger hat noch nie ein Missgeschick behoben, einen Irrtum korrigiert oder Fehlleistungen verbessert. Im Zorn kann man keine Schwächen überwinden, keine Mängel ausgleichen und auch nichts Fehlendes nachholen. Im Gegenteil – aus dem Ärger heraus produziert man nur weitere Dummheiten, und erfolglos bleibt der Versuch, sich selbst oder andere durch Vorhaltungen oder Schimpfen zu bessern.

Lassen Sie mich diese Aussage veranschaulichen. Nehmen wir zum Beispiel an, Sie hätten eine Sitzung geleitet und dabei vergessen, etwas Wichtiges zu erwähnen. Zudem wäre es Ihnen nicht gelungen, ein paar Vielredner zu unterbrechen. Sie hätten, kurz gesagt, Fehler gemacht und die Sitzung nicht so gut geleitet, wie Sie das gerne getan hätten. Wären Sie in diesem Fall nicht gekränkt, würde man Ihnen unter die Nase reiben, Ihnen fehle das nötige Können? Wenn man Ihnen an den Kopf werfen würde, Sie seien unfähig, Sitzungen zu leiten? Würde solch anklagende Kritik Sie nicht entmutigen und Ihnen die Hoffnung auf Verbesserung nehmen? Würden Sie nicht an Selbstvertrauen verlieren oder gar den Mut, es noch einmal zu versuchen?

Wollen wir unsere Schwächen erfolgreich meistern, hilft uns harsche Kritik nicht weiter. Wenn wir etwas wiedergutmachen oder verbessern wollen, dann brauchen wir dazu keine taktlose, abwertende und gnadenlose Kritik. Im Gegenteil – wir bedürfen der Ermunterung und der Zeichen des Vertrauens in unsere Fähigkeiten. Wir sind darauf angewiesen, dass man uns Raum und

Zeit gibt. Wir brauchen demnach genau das, was Großzügigkeit geben kann.

Mit einer großzügigen Haltung sind Fehler erlaubt, und wir machen deswegen niemanden zu einer ganz und gar inkompetenten Person. Wir erklären niemanden für völlig untauglich, nur weil er dieses eine Mal versagt hat. Nein, mit einem großmütigen Herzen üben wir nicht auf lieblose, harte und unbarmherzige Weise Kritik.

Wir verhalten uns ganz anders: Wir weisen, ohne abzuwerten, auf Fehler und Schwächen hin, erheben unsere Einsprüche aufbauend und ermunternd. Wir berücksichtigen, dass wir alle gerade dann am meisten der Hilfe bedürfen, wenn wir etwas unbefriedigend ausgeführt haben. Gerade in Momenten, in denen das Selbstbewusstsein angeschlagen ist, muss es sich wieder aufbauen können, muss man wieder Vertrauen gewinnen. Und nicht zuletzt hat man gerade dann eine Chance nötig: die Chance, sich zu verbessern; die Chance, es noch einmal zu versuchen; die Chance, sich zu beweisen.

Geduld haben

> *Geduld ist oft die beste Lösung.*
> *Sie dauert halt nur ein bisschen länger.*
>
> Gunnar Madeheim

Damit eine Chance wirklich wahrgenommen werden kann, muss der Prozess der Wiedergutmachung eine Weile in Anspruch nehmen dürfen. Zu lernen, was es zu lernen gibt, zu verbessern, was es zu verbessern gibt, zu beweisen, was es zu beweisen gilt – das alles braucht seine Zeit. Eine großmütige Haltung legt deshalb die nötige Geduld an den Tag und lässt den Dingen Zeit – sie lässt ihnen genügend Zeit zu entstehen und genügend Zeit zu vergehen.

Großzügig zu sein heißt also, Geduld zu haben und Entwicklungen zu erlauben, ihren natürlichen Lauf zu nehmen. Gleichzeitig bedeutet es zu dulden, dass die Welt nicht immer so ist, wie man sie gerne hätte. Ungeduldig zu sein ist stets ein Zeichen dafür, dass man die Dinge, so wie sie sind, ablehnt. Man will sie anders. Doch da es eben beschädigte Pakete und schlecht geleitete Sitzungen gibt, da eben Fehler, Irrtümer und Missgeschicke zum Leben gehören, hat es keinen Sinn, mit dem Kopf gegen die Wand zu rennen. Das tut nur weh und ändert nichts an den Tatsachen.

Besser, man duldet, was das Leben an Ärgerlichem präsentiert, und übt sich in Geduld – selbst wenn es ein bisschen dauert. Zeitverschwendung ist dies bestimmt nicht, im Gegenteil: Mit geduldiger Nachsicht ersparen wir uns und den anderen viel Kummer und Unzufriedenheit.

Ein Auge zudrücken und den Mund halten

Am Baume des Schweigens hängt seine Frucht –
der Friede.

Arthur Schopenhauer

Unzulänglichkeiten gegenüber nachsichtig und geduldig zu sein ist eine der vielen Möglichkeiten, Großzügigkeit zu üben. Eine weitere besteht darin, etwas Unbefriedigendes einfach sein zu lassen. Gar nicht erst zu versuchen, es zu ändern, zu verbessern oder zu korrigieren, sondern einfach ein Auge zuzudrücken.

Etwas einfach gut sein lassen ist insbesondere dann angezeigt, wenn es sich um Kleinigkeiten handelt; um Nichtigkeiten wie zum Beispiel all die Patzer, die uns allen immer wieder passieren: Man vergisst etwas oder kommt zu spät, bringt das Falsche oder zerbricht etwas. Gerade wenn es sich um geringfügige »Verfehlungen« handelt, wäre es unangemessen, daraus ein große Sache zu machen. Eine empörte und zornige Reaktion würde höchstens zu Unfrieden führen. Es ist nicht einmal sinnvoll, darüber zu nörgeln, entsteht dadurch doch höchstens eine gehässige Stimmung, die niemandem etwas nützt. Drückt man hingegen ein Auge oder gar beide zu, macht das allen das Leben angenehmer, und die Stimmung bleibt friedlich.

Über etwas hinwegzusehen ist außerdem dann empfehlenswert, wenn es sich um irritierende Gewohnheiten anderer Menschen handelt. Deren gibt es ja unzählige – wir alle haben Eigenschaften und Angewohnheiten, die andere reizen und ihnen auf die Nerven gehen können. Ich zum Beispiel schließe die Schranktüren nie richtig zu, was meinen Mann stört; mein Mann hingegen stellt die Zahnbürste nie ins Zahnglas, was mich wiederum stört. Unser Nachbar fängt jeden Satz an mit: »Früher, da haben wir noch ...« – was uns beiden auf die Nerven geht. Ihnen kommen aus Ihrem eigenen Leben bestimmt eine ganze Reihe von solch kleinen Irritationen in den Sinn.

Diese unangenehmen Gewohnheiten übersehen zu können – großzügigerweise nichts zu sagen, sie liebevoll zu dulden –, das zeugt von innerer Größe. Kleinherzig, lieb- und taktlos wäre es hingegen, die anderen die eigene Irritation spüren zu lassen und ihnen Vorhaltungen zu machen. Wie leicht kann man dadurch jemanden kränken, wie leicht entstehen da Zank und Krach! Oder, um es positiv auszudrücken: Wie harmonisch wird das Zusammenleben, wenn man Größe zeigt!

Stillschweigen zu bewahren und andere sein zu lassen – diese Strategie kann in anderen Fällen ebenfalls erfolgreich angewandt werden. Und zwar immer dann, wenn die Art und Weise, wie Leute gewisse Dinge anpacken, uns gegen den Strich geht.

Wenn zum Beispiel unsere Partner die Wäsche anders falten und es einfach nicht so ordentlich aussieht, wie wenn wir es erledigt hätten. Wenn sie unserer Meinung nach beim Autofahren immer zu früh in den zweiten Gang schalten oder wenn unser

Chef neue Formulare einführt, obwohl es die alten in unseren Augen noch lange getan hätten.

In solchen Fällen schützt uns eine großzügige Haltung vor haarspalterischen, rechthaberischen und kleinlichen Reaktionen. Sie hilft uns, davon abzulassen, die Dinge zu korrigieren und Änderungen zu verlangen. Sie verhindert, dass bei jeder Abweichung vom Üblichen genörgelt und darauf gepocht wird, dass etwas genau so und nicht anders sein muss. Dank ihr kann sich Frieden ausbreiten und unsere Zufriedenheit erhalten bleiben.

Lassen Sie mich dafür den Beweis führen. Wenn andere Probleme auf eine Art lösen, die uns selbst ungewohnt ist – müssen wir uns da persönlich angegriffen fühlen und die Art der anderen als minderwertig abstempeln? Würden wir nicht zufriedener bleiben, wenn wir uns einfach um unsere eigenen Angelegenheiten kümmerten? Und wenn andere, denen gegenüber wir weder als Eltern, Lehrer oder Vorgesetzte Verantwortung tragen, etwas auf eine Weise anpacken, die uns nicht sehr effektiv zu sein scheint – müssen wir da wirklich aussprechen, dass ihre Lösung in unseren Augen eine schlechte ist? Wäre es nicht rundum angenehmer, würden wir Stillschweigen bewahren?

Und wenn unsere Partner, Freunde und Verwandten, also »uns gleichgestellte« Personen, etwas auf eine Weise erledigen, die zum Beispiel langsamer ist, weniger gründlich oder weniger präzise, als wir es tun würden – müssen wir da wirklich darauf bestehen, dass sie sich unseren Normen anpassen? Bliebe unser Leben und das der anderen nicht viel zufriedener, wenn wir sie einfach großzügig machen lassen würden?

Ja, müssen wir überhaupt auf unser Können hinweisen? Ist es unbedingt nötig, alles besser zu können, besser zu wissen? Müssen wir immer Recht haben? Hieße das nicht eher, dass wir von Einbildung und Stolz getrieben sind? Uns besserwisserisch aufführen? Ganz einfach kleinlich sind? Und ist es nicht ein kleinliches

Gemüt, das Unfrieden verbreitet und verhindert, dass wir inneren Frieden finden?

Elf ein Dutzend sein lassen

Wer im Leben nur rechnet,
kommt nie auf seine Rechnung.

Albrecht Goes

Immer wieder ein Auge zuzudrücken und den Mund zu halten trägt, wie gesehen wurde, viel zu unserer Zufriedenheit bei. Ebenso förderlich ist es, wenn wir Elf ein Dutzend sein lassen; wenn wir, mit anderen Worten, nicht so genau rechnen und großzügigerweise zulassen, dass wir zu kurz kommen.

Anderen freiwillig mehr zuzugestehen bedingt, dass wir nicht ständig rechnen, wer wem was und wie viel schuldet, und nicht darauf aus sind, voll auf unsere Kosten zu kommen. Sonst stehen wir unserer Zufriedenheit selbst im Weg.

Sind wir berechnend, hat das unkooperatives Verhalten zur Folge. Wir verweigern uns zum Beispiel, sind zu keinen Kompromissen bereit und geben nichts her. Unsere Kommunikation mit den anderen klingt so: »Das ist unfair.« – »Nie machst du, immer muss ich.« – »Wieso sollte ich?« »Ich hab' schon dreimal, du bist an der Reihe …« usw.

Mit einer berechnenden Haltung ist es unmöglich, eine friedvolle Stimmung zu erzeugen, im Gegenteil: Man vertreibt den Frieden. Man vergiftet die Atmosphäre mit Forderungen und trübt das Vertrauen mit kleinlichen Berechnungen. Kann man hingegen großzügig sein und freiwillig mehr geben, so verbreitet man Freude und eine gute Stimmung und ermöglicht ein friedliches Zusammenleben.

Ein Beispiel: Nehmen wir an, unser Partner oder unsere Partnerin hätte versprochen, die Bücher in die Bibliothek zurückzubringen, und hätte das aus irgendeinem Grund vergessen. Sind wir großzügig, stehen wir davon ab, eine »Strafpredigt« zu halten. Wir bestehen nicht darauf, das Versprechen müsse jetzt sofort eingelöst werden. Wir verlangen keine Zusicherung, dass der Partner oder die Partnerin es nie wieder vergessen würde. Großzügigerweise bringen wir die Bücher einfach selbst zurück. Mit einer generösen Haltung zählen wir nicht so genau nach – nein, die Rechnung geht für uns anders auf: Für uns lohnt sich das, was der Beziehung Freude und Frieden bringt.

Vor allem auf das zu zählen, was dem harmonischen Zusammenleben zuträglich ist, heißt natürlich nicht, dass man sich ausnutzen lassen sollte. Es bedeutet ebenso wenig, dass man sich um des lieben Frieden Willens niemals wehren sollte.

Wäre es zum Beispiel schon zum x-ten Male vorgekommen, dass das Zurückbringen der Bücher »vergessen« wurde und wir das Versäumnis nachholen mussten, würde die Sache anders liegen. In diesem Fall wäre unser Nachgeben der Beziehung nicht zuträglich. Geben und Nehmen muss immer von beiden Seiten kommen. Ein harmonisches Zusammenleben hängt davon ab, dass jeder dem anderen hilft und keiner den anderen ausnutzt.

Trotzdem – zwischen etwas durchgehen und sich ausbeuten lassen besteht ein deutlicher Unterschied. Freiwillig zu geben und unfreiwillig geben zu müssen sollten wir nicht miteinander verwechseln. Großzügig zu sein ist kein Ausdruck fehlenden Selbstbewusstseins oder mangelnden Mutes, sich für die eigenen Belange einzusetzen, nein, es ist ein Zeichen von Stärke. Es ist der Ausdruck dafür, dass man sich nicht erschüttern lässt, wenn etwas nicht zu den eigenen Gunsten ausfällt, und dass man dies nicht persönlich nimmt. Der bewusste Entschluss, Großmut zu zeigen, hat mit ausgenutzt werden wahrlich nichts zu tun.

Praktische Tipps

Zum Festigen der Großzügigkeit

- Versuchen Sie eine ganze Woche lang jeden Tag mindestens einmal großzügig zu sein – auf welche Art auch immer.
- Versuchen Sie einen ganzen Tag lang den Bedürfnissen und Wünschen der anderen Vorrang zu geben. Versuchen Sie dies ohne Zähneknirschen zu tun, auch nicht aus dem üblichen Pflichtgefühl oder der Gewohnheit heraus, sondern mit einer wirklich großzügigen Haltung.
- Wenn es in Ihrem Leben einen Groll gibt, den Sie immer noch mit sich herumtragen – das kann ein Groll gegen eine andere Person sein, gegen einen Umstand oder gegen sich selbst –, versuchen Sie sich für die Möglichkeit des Loslassens zu öffnen und den Groll, wenn möglich, ein für alle Mal zu begraben.

Bei allen drei Übungen ist zu beachten: Lassen Sie jegliche harsche Kritik sein, falls Ihnen etwas nicht gelingt. Ermuntern Sie sich vielmehr, und üben Sie geduldig weiter. Bedenken Sie: Dort, wo sich Widerstand zeigt, ist genau der Ort, wo man etwas lernen kann.

Dritter Teil

Wie geht Zufriedenheit verloren, und wie kann man das verhindern?

In den beiden ersten Teilen des »Einmaleins der Zufriedenheit« haben Sie erfahren, wie Sie Zufriedenheit erwecken, sie fördern und erhalten können. Im letzten Teil werden Ihnen innere Haltungen vorgestellt, die Ihnen die Zufriedenheit wieder nehmen können oder die verhindern, dass sie überhaupt entfaltet werden kann, die Sie also vermeiden sollten.

Im Kapitel »Mit sich selbst nicht zufrieden sein« geht es um die Sabotage der Zufriedenheit durch Selbstkritik. Dabei wird der »innere Kritiker« entlarvt, die innere Stimme, die uns nicht erlaubt, mit dem, was wir können, und so, wie wir sind, zufrieden zu sein.

In den beiden nächsten Kapiteln wird diskutiert, welche Haltungen das Glück verwirken. Es wird ergründet, wieso glückliche Zeiten und Umstände verpasst oder nicht ausgekostet werden und wie es dazu kommt, dass jemand mit seinem Glück nicht zufrieden ist. Es werden verschiedene Reaktionen auf das Glück aufgelistet, die einen geschickten und angemessenen Umgang mit ihm verhindern und allerlei Unangenehmes ins Schlepptau nehmen. Dabei wurden solche Haltungen ausgewählt, die häufig vorkommen und typisch sind.

Im Kapitel »Dem Glück keine Chance geben« wird aufgezeigt, wie wir unsere Chance auf Glück verspielen, indem wir dem Glück keine geben. Wie wir uns Zufriedenheit durch die Finger rinnen lassen, weil wir Glück entweder nicht wahrnehmen, da es uns an Achtsamkeit mangelt, oder es nicht annehmen, da es uns an Selbstliebe mangelt.

Im Kapitel »Dem Glück im Weg stehen« wird beschrieben, wie wir unserem Glück und der Möglichkeit, mit ihm zufrieden zu sein, selbst im Weg stehen. Es wird aufgezeigt, dass man unzufrieden bleiben muss, wenn man sich ans Glück klammert oder wenn man sich zu Ansprüchen daran versteigt, und dass man ganz sicher keine Zufriedenheit erlangt, wenn man noch mehr davon will.

9 Mit sich selbst nicht zufrieden sein

Niemand tadelt uns so scharf,
wie wir uns oft selber verurteilen.

Luc de Clapiers Vauvenargues

Wir alle hegen ab und zu kritische Gedanken uns selbst gegenüber und sind mit etwas an unserer Person unzufrieden. Dieses Phänomen wäre nicht besonders erwähnenswert, wenn Selbstkritik nicht mitunter eine Form annehmen würde, in der sie jeglichem Zufriedensein mit uns selbst den Garaus macht. Manchmal gerät sie außer Kontrolle, und wir werden von ihren Negativurteilen hoffnungslos überflutet.

Vielleicht kennen Sie diese außer Rand und Band gelaufene Kritik aus Ihrer eigenen Erfahrung? Diese innere Stimme, die uns auf Schritt und Tritt begleitet und alles kommentiert, was wir tun? Die keine Gelegenheit auslässt, aufs Schärfste mit uns ins Gericht zu gehen? Die uns vorwirft: »Du siehst lächerlich aus«, oder: »Du bist zu dick. Du bist zu alt. Du bist wirklich dumm. Stümperhaft, wie du das machst, du bist schlicht unfähig.«

Wenn ja, sind Sie damit nicht allein. Viele von uns plagt diese Stimme, die nur darauf wartet, uns bei einem Fehler oder einem Zeichen von Schwäche zu ertappen, um uns dann gnadenlos zu verurteilen. Die uns anherrscht: »Du bist schuld. Es ist dein Fehler. Das ist eben das Problem mit dir. Du sollst. Du musst.« Die Stimme, die uns Unfähigkeit vorhält. Die als zu wenig gut beurteilt, was immer wir anpacken. Die uns schließlich mit dem qualvollen und schmerzlichen Gefühl zurücklässt, dass wir nicht in Ordnung sind.

Diese sogenannte innere Stimme nenne ich die Stimme des inneren Kritikers, und diesen mache ich im Folgenden zum Thema. Er ist nämlich ist ein Saboteur der Zufriedenheit. Skrupellos und mit allen Mitteln versucht er, uns vom Zufriedensein abzuhalten.

Diesem Saboteur soll auf die Schliche gekommen werden. Deshalb verrate ich seine geheime Mission und decke seine Pläne auf. Damit wird ermöglicht, ihm das Handwerk zu legen. Denn wer durchschaut, wie er agiert, kann sich von seiner Macht lösen, kann die Kontrolle übernehmen und so die Möglichkeit zur Zufriedenheit zurückerobern.

Die Manöver des inneren Kritikers

Das harte Wort schmerzt immer,
und sei's noch so gerecht.

Sophokles

Um aufzudecken, wie der innere Kritiker agiert, will ich Ihnen als Erstes ein Märchen erzählen.

Es handelt vom Ärgsten aller Kobolde, vom Teufel selbst, und davon, dass dieser eines Tages einen Spiegel kreierte. Der Spiegel hatte die Eigenschaft, dass alles Gute und Schöne, das sich darin spiegelte, zusammenschrumpfte und beinahe verschwand, während alles Untaugliche und Fehlerhafte deutlich hervortrat und noch ärger aussah. Der Teufel fand dies äußerst belustigend und zeigte seine Erfindung seinen Koboldschülern. Die erzählten überall herum, dass ein Wunder geschehen sei; denn nun könne man sehen, wie die Welt und die Menschen wirklich aussähen. Sie liefen mit dem Spiegel umher, bis es kein Land und keinen Menschen mehr gab, der nicht verzerrt darin erschienen wäre. Da wollten sie auch zum Himmel auffliegen, um sich über die Engel und den lieben Gott lustig zu machen. Je höher sie aber mit dem Spiegel flogen, desto schwieriger ließ er sich festhalten. Schließlich entglitt er ihren Händen und stürzte zur Erde, wo er in hundert Millionen, Billionen und noch mehr Stücke zersprang. Nun aber verursachte er weit größeres Unglück als zuvor; denn einige Stücke waren kaum so groß wie ein Sandkorn, und die flogen ringsumher durch die Welt. Wo jemand sie ins Auge bekam, sah er alles verzerrt, denn jede kleine Spiegelscherbe hatte dieselben Kräfte behalten, welche der ganze Spiegel besaß.[18]

Das Bild des teuflischen Spiegels kann man eins zu eins auf die Situation mit dem inneren Kritiker übertragen. Dieser Märchenspiegel ist genau wie derjenige, den der innere Kritiker uns vorhält, oder anders gesagt, dessen Splitter uns ins Auge geriet. Wie im Märchen beschrieben, sehen wir damit verzerrt. Alle unsere Fähigkeiten werden bedeutungslos, dafür treten unsere Fehler und Schwächen in den Vordergrund, ja, nehmen das ganze Bild ein. Was auch immer wir sagen oder tun, spiegelt sich als nicht gut genug. Und bei all dem macht der Spiegel uns weis, er zeige uns so, wie wir wirklich sind.

Der innere Kritiker operiert demnach mit einem »bösen« und verzerrten Blick. Dementsprechend sehen seine Manöver aus: Seine Kritik ist undifferenziert. Sie ist ohne Verständnis und berücksichtigt nicht das Individuelle an jeder Situation. Stattdessen übertreibt sie, wertet uns ab und stellt uns in Frage.

Weiterhin gibt der innere Kritiker unfreundliche und harsche Kommentare, ist unbarmherzig in seinem Urteil. »Wirklich hässlich, wie dein Bauch schwabbelt«, sagt er zum Beispiel, oder: »Du hast einfach kein Talent. Du wirst es nie schaffen.« Oder: »So wie du bist, hält es niemand lange mit dir aus.« »Fehler« ist sein Lieblingswort, und seine Sätze beginnt er am liebsten mit »nie« oder »immer«.

Ebenso gerne vergleicht er unser Können mit dem von anderen – aber selbstverständlich immer nur mit solchen, die unerreichbar besser sind als wir; Professionelle mit zehn Jahren mehr

Erfahrung zum Beispiel. Sein Maßstab ist das Perfekte und Ideale, daran misst er uns und stellt entsprechend unrealistische Anforderungen. Nicht den kleinsten Fehler lässt er uns durchgehen, und begehen wir einen, macht er daraus ein Verbrechen und uns zu Verbrechern. Selbst die winzigste Schwäche bezeichnet er natürlich als Charakterfehler.

Was die Manöver des inneren Kritikers bei uns bewirken, ist offensichtlich: Wir müssen versagen. Es kann uns niemals gelingen, den Ansprüchen gerecht zu werden und sie zu befriedigen. Wir sind und bleiben nicht gut genug. Es ist uns unmöglich, jemals mit uns zufrieden zu sein.

Der Splitter im Auge

Wer Unechtes für echt, für unecht Echtes hält,
Der kommt zum Echten nie; sein Sinn ist falsch gestellt.

Dhammapada Vers 11

Obschon der Splitter im Auge schmerzt, lassen wir ihn stecken. Obwohl die Wahrnehmung des inneren Kritikers offensichtlich verzerrt und unrealistisch ist, dazu noch unmenschlich und grausam, glauben wir ihm. Wir glauben, dass er die Wahrheit spricht. Wir glauben, dass er Recht hat.

Wieso aber glauben wir dem »bösen« Urteil? Wieso entfernen wir den Splitter nicht? Lassen Sie mich aufzeigen, weshalb nicht.

Wir glauben dem Kritiker, da er erstaunlich intelligent und geschickt darin ist, unsere Schwachstellen ganz genau zu orten. Ihm können wir nichts vormachen. Er kennt uns in- und auswendig. Und so sehen wir ihn als eine Stimme, die schonungslos ehrlich ist, die aufdeckt, was Tatsache ist. Sie zu hinterfragen kommt uns nicht in den Sinn. Wir glauben, dass wir diese Ehrlichkeit brauchen, um weiterzukommen, dass schonungslose Selbstkritik nötig sei, um ein besserer Mensch zu werden. Ohne sie würden wir nur überheblich und blieben auf unseren Fehlern sitzen.

Häufig glauben wir den Urteilen des inneren Kritikers auch darum, weil uns gar nicht bewusst ist, dass er sie ausgesprochen hat. Da wir an seine Gegenwart gewöhnt sind und unsere negativen Gedanken schon automatisch ablaufen, erkennen wir seinen versteckten Einfluss nicht. Wir nehmen seine Kritik für bare Münze.

Indem wir aber dem Urteil des inneren Kritikers glauben, indem wir den Splitter stecken lassen, stürzen wir uns ins Unglück. Denn genau dieser Splitter hindert uns daran, den dringend nötigen Sichtwechsel vorzunehmen. Kein einziger Schritt will klappen.

Schon unsere Achtsamkeit ist durch die vom Splitter verzerrte Sicht eingeschränkt. Wir meinen, wir seien völlig objektiv, und erkennen nicht, dass wir stattdessen verurteilen und abwerten. Auch Abstand nehmen können wir nicht – wir stehen mitten im Spiel. Wir glauben, selbst das Problem zu sein. Uns zu akzeptieren, wie wir sind, gelingt uns ebenfalls nicht. Wir meinen, wir seien auf der ganzen Linie unzulänglich. Und schließlich können wir nichts Positives an uns entdecken, da wir glauben, nur das Ideale zähle.

Ist der Splitter in unserem Auge, sehen wir uns als Menschen, mit denen wir nicht zufrieden sein können. Wie schade! Denn eigentlich sind wir Menschen, die Schwächen und Fehler haben und trotzdem in Ordnung sind, mit denen wir also durchaus zufrieden sein könnten.

Dem Kritiker das Handwerk legen

Seid gerecht.
Sucht nicht Schuldige, sondern Ursachen.

Werner Mitsch

In Anbetracht des Schadens, den der innere Kritiker anrichten kann, und des geringen Nutzens, den er bringt, würden wir ohne ihn viel besser fahren. Zu hoffen, dass er freiwillig das Feld räumt, ist jedoch müßig. Genauso hoffnungslos ist der Wunsch, dass er von selbst einsieht, dass er uns plagt, statt uns zu helfen. Er hat seine ursprüngliche Aufgabe, uns auf Fehler aufmerksam zu machen, um uns dadurch vor Beschämungen zu schützen, längst vergessen. Nein – ohne dazu gezwungen zu werden, wird er nicht kapitulieren.

Es gibt verschiedene Strategien, wie man dem inneren Kritiker das Handwerk legen kann. Diejenige, die ich Ihnen hier vorstelle, besteht darin, seinen Einfluss einzudämmen und Selbstkritik wieder zu dem Instrument zu machen, das sie eigentlich sein sollte: eines, das uns tatsächlich hilft, Fehler zu vermeiden und uns zu verbessern.

Den Einfluss des inneren Kritikers einzudämmen kann uns gelingen, wenn wir die Bedeutung verändern, die wir ihm zuschreiben.

Dazu ein Beispiel. Nehmen wir an, bei einem Fest sind Sie von der guten Stimmung und den zwei Gläsern Champagner, die sie getrunken haben, so angeregt, dass Sie richtig in Schwung kommen und die ganze Tafelrunde mit ihren Geschichten und Sprüchen unterhalten. Am nächsten Tag aber ist es Ihnen nicht recht, dass Sie sich so in den Vordergrund gedrängt und die Bühne für sich beansprucht haben. Natürlich fährt in dem Moment der Kritiker auf: »Das war ja so peinlich«, schimpft er, »wie du dich aufgeführt hast! Was müssen die anderen von dir denken! Bestimmt wird man dich nie mehr einladen, derart auffällig egoistisch hast du dich aufgeführt.«

»Ist ja klar«, antworten Sie ihm darauf, »dass du gleich da bist mit deinen Kommentaren. Aber ich weiß ja, wie du übertreibst. Du bist zum Ratgeber absolut ungeeignet, deine Kommentare werde ich nicht beachten. Und überhaupt, in so einem Ton lass' ich nicht mit mir reden.«

Wenn Sie so reagieren – wenn Sie die Kommentare des Kritiker nicht beachten und nicht annehmen, was er Ihnen anhängen will – dann enden Sie nicht am Boden zerstört. Sie fühlen sich nicht als Egoist, den man auf keine Feste mehr lassen sollte, da er sozial inkompetent ist. Sie sind frei geblieben, Ihr eigenes Urteil zu fällen. Und Sie sind fähig, Ihren Schnitzer realistisch und objektiv zu bewerten.

So stellen Sie fest, dass Sie gestern Abend ein bisschen zu viel geschwatzt haben. Und vielleicht nehmen Sie sich vor, Ihr Mundwerk das nächste Mal besser im Griff zu halten. Und das wär's dann schon. Die Sache ist erledigt.

Wie dieses Beispiel zeigt, können wir jemand Boshaften nicht immer zum Schweigen bringen, aber wir können ihn als das sehen, was er ist, statt ihn als ehrlichen und weisen Ratgeber zu nehmen. Selbst wenn er manchmal unüberhörbar ist, müssen wir nicht auf ihn hören. Wir können seine Kommentare einfach nicht beachten. Es liegt in unserer Macht zu entscheiden, welchen inneren Gedanken wir Beachtung schenken und welchen nicht.

Indem wir den abwertenden und negativen Gedanken keine Beachtung schenken, können wir die Kontrolle über unsere Selbstkritik wieder übernehmen. Wir sind frei, den Splitter aus dem Auge zu nehmen und unsere Fehler mit klarem und liebevollen Blick zu betrachten, uns in anständigem und aufbauendem Ton zu kritisieren.

Aufbauende Selbstkritik

Ich habe nicht versagt.
Ich habe mit Erfolg zehntausend Wege entdeckt,
die zu keinem Ergebnis führen.

THOMAS ALVA EDISON

Nachdem ich Ihnen hoffentlich Mut gemacht habe, Ihren inneren Kritiker zu entthronen, soll zum Abschluss der aufbauenden Selbstkritik Platz gegeben werden. Welche Kriterien sind bei einer Selbstbeurteilung für die Förderung von Zufriedenheit von besonderem Nutzen?

Grundsätzlich sollten wir uns dessen bewusst sein, dass man als Mensch über vieles keine Kontrolle hat. Es wäre eine Selbsttäuschung zu meinen, man sei der Grund für alles, was schiefläuft. In jeder Situation gibt es Faktoren, auf die man keinen Einfluss hat. Es ist demnach sinnlos, sich die Schuld für alles in die Schuhe zu schieben.

Man sollte desgleichen nicht der Täuschung erliegen, dass alles, was man tut, auf die anderen wirkt, ja, dass sie es überhaupt wahrnehmen. Die anderen Menschen haben genug mit sich und ihrem Leben zu tun, um darüber hinaus noch zu bemerken, gar zu kritisieren, wie wir zum Beispiel aussehen oder wie wir etwas anpacken. Wir sind oft nicht so wichtig, wie wir meinen. Alle Augen sind nicht immer auf uns gerichtet. Unseren Maßstab einzig an dem »was denken wohl die anderen?« anzusetzen ist demnach unklug.

Es ist wichtig, im Sinn zu behalten, dass generalisierende Kritik undifferenziert und fehlerhaft ist. Man kann aus einem Fehler oder aus einer Schwäche keine allgemeingültigen Schlüsse ableiten. Gelingt einem einmal etwas nicht, hat man einmal versagt, heißt das nicht automatisch, dass man es immer schlecht machen wird und immer versagen muss. Hat man eine Schwäche, heißt das nicht, dass man eine ganz und gar unfähige Person ist.

Es ist der Zufriedenheit abträglich, wenn man alles auf eine Karte setzt, die Beurteilung seiner selbst von einem einzigen Aspekt abhängig macht und alle anderen vernachlässigt. Wenn man sich beispielsweise nur dann mit sich zufrieden fühlen kann, wenn man dünne Oberschenkel hat oder einen muskulösen Bauch. Genauso unförderlich ist es zu meinen, man müsse in allem und immer und überall gut sein. Man darf auch mal keine Ahnung haben und etwas nicht können.

Es lohnt sich, die Ansprüche, die man an die eigene Person stellt, nicht zu verallgemeinern. Es erhöht die Chance aufs Zufriedensein, wenn man einen konkreten Vorsatz fasst und sich spezifische Ziele steckt statt abstrakte, allgemeine und ideale. Wenn man sich zum Beispiel vornimmt, eine bessere Mutter oder ein besserer Vater zu sein, so ist es schwierig, diesen vagen Anspruch zufriedenstellend zu erfüllen. Nimmt man sich aber vor, jede Woche einmal eine Stunde mit dem Kind zu spielen, ist der Fortschritt leicht messbar, und ein Ziel kann erreicht, ein Erfolg verbucht werden.

Die Zufriedenheit erhöht sich dadurch, dass man die Fähigkeiten fokussiert, die man schon hat, und nicht nur das betrachtet, was man noch nicht kann. Statt einzig auf das zu blicken, was es noch zu erreichen gilt, sollte man im Auge behalten, was man schon erreicht hat.

Und wenn man sein Erreichtes mit dem anderer vergleicht, so ist es förderlicher, wenn man auf die Menschen schaut, die das gleiche Niveau haben oder weniger weit sind. Auf diese Weise ist zufriedene Genügsamkeit erreichbarer, als wenn man sich mit Menschen vergleicht, die viel weiter sind.

Und nicht zuletzt gilt es, wohlwollend zu sein. Es gilt, sich zu ermuntern und aufzubauen, sich eine Chance zu geben und sich Zeit zu lassen. Wenn wir nett zu uns bleiben, wie viele Fehler wir auch machen und welche Schwächen wir auch haben, garantieren wir unsere Zufriedenheit.

Üben wir auf solche Art Selbstkritik, möchte ich zum Abschluss bemerken, so können wir dabei locker und spielerisch bleiben, ganz so, wie Wilhelm Busch es gereimt ausdrückt:

Die Selbstkritik hat viel für sich,
gesetzt den Fall, ich tadle mich.
So hab' ich erstens den Gewinn,
dass ich hübsch bescheiden bin.

Zum Zweiten denken sich die Leut,
der Mann ist lauter Redlichkeit;
auch schnapp' ich drittens diesen Bissen
vorweg den andern Kritiküssen.

Und viertens hoff' ich außerdem
auf Widerspruch, der mir genehm.
So kommt es dann zuletzt heraus,
dass ich ein ganz famoses Haus.[19]

Praktischer Tipp

Zum Erkennen des inneren Kritikers
Hat man Mühe damit, Beurteilungen als diejenigen des Kritikers zu erkennen, helfen bestimmte Erkennungsmerkmale und Überprüfungsmethoden.

Als Grundregel zum Erkennen des inneren Kritikers gilt: Jede Kritik, die abwertet, statt objektiv zu bleiben, ist dem Kritiker zuzuschreiben. Um diese Regel zu überprüfen und erkennen zu können, ob die Kritik objektiv ist, sind folgende Fragen hilfreich:

- In welchem Tonfall kommt die Kritik daher? – Wenn sie unfreundlich, streng, hart oder unbarmherzig ist, kommt sie aus dem Munde des Kritikers.
- Welche Ausdrücke kommen in der Kritik vor? – Wird generalisiert und übertrieben; werden individuelle Umstände nicht mitberücksichtigt; ist die Rede von »immer«, »nie« und »alles«, hat der innere Kritiker seine Hand im Spiel.
- Wie fühle ich mich? – Fühlt man sich schlecht, traurig, sogar depressiv, dann ist man ein Opfer des inneren Kritikers. Desgleichen wenn man sich unfähig fühlt, gehemmt, verunsichert, minderwertig. Was das Selbstbewusstsein vermindert und untergräbt, kommt vom Kritiker.

10 Dem Glück keine Chance geben

Jeder Mensch hat ein Brett vor dem Kopf –
es kommt nur auf die Entfernung an.

Marie von Ebner-Eschenbach

Manchmal ist das Schicksal uns günstig gesonnen, und wir haben Glück im Leben. Wir haben zum Beispiel Erfolg mit dem, was wir tun, oder ein Wunsch wird uns erfüllt, und wir erhalten, was wir wollen. Das Thema des folgendes Kapitels kreist um diese Glücksmomente: um die Momente, in denen das Positive überwiegt, kein Sichtwechsel nötig ist und das Einzige, das wir tun müssen, darin besteht, sie zu genießen. Um die Momente also, in denen wir zufrieden sein können.

Wieso kommen ausgerechnet solche Momente zur Sprache? Ist es nicht das Einfachste der Welt, mit ihnen zufrieden zu sein? Was ist natürlicher, als sich über Glücksgefühle zu freuen und sie zu genießen? Wo liegt da das Problem?

Auf den ersten Blick scheint es wirklich kein Problem zu geben. Ist doch nur ein kleiner Schritt nötig, um mit einem Glücksmoment zufrieden zu sein. Vergleicht man ihn mit der Anstrengung, die erforderlich ist, um mitten im Unglück den nötigen Sichtwechsel zu vollziehen, ist man von der Leichtigkeit des Unternehmens erst recht überzeugt.

Und doch – auf den zweiten Blick muss man feststellen, dass wir es, öfter als uns behagt, trotzdem nicht schaffen, diesen kleinen Schritt zu tun; ja, dass es uns nicht immer gelingt, in glücklichen Situationen zufrieden zu sein. Stattdessen gehen wir mit unserer Glückssträhne fahrlässig um. Wir machen nicht das Beste daraus, verschleudern sie und lassen uns die schöne Zeit durch die Finger rinnen. Wir können zudem das Gefühl haben, wir seien es nicht wert, Glück zu erhalten – und gönnen es uns deshalb nicht, ja, lassen es gar nicht erst zu.

Es ist infolgedessen nützlich, unsere Reaktionen auf Glücksmomente unter die Lupe zu nehmen. Denn sind die Bedingungen so, dass wir zufrieden sein könnten und es trotzdem nicht sind, so bedeutet dies, dass uns Zufriedenheit verloren geht.

Unachtsamkeit

> *Der Mensch ist unglücklich,*
> *weil er nicht weiß, dass er glücklich ist.*
>
> Fedor M. Dostoevskij

Als Erstes behandle ich eine Haltung den Glücksmomenten gegenüber, über die ich nicht allzu viele Worte verlieren muss – derart offensichtlich ist es, dass man sich mit ihr das Zufriedensein verbaut.

Lassen Sie mich mit einem Beispiel beginnen. Stellen Sie sich bitte Folgendes vor: Sie sitzen am Strand. Die Sonne scheint. Es ist Sonntag, und Sie haben keine Verpflichtungen. Sie schauen übers Meer in den weiten Horizont. Eine leichte Brise streichelt ihre nackten Arme. Um Sie herum tummeln sich Ihre Lieben und stecken Sie mit ihrem fröhlichen Lachen an.

In einer solchen Situation würden Sie eine beachtliche Portion Glück in den Händen halten: Muße wäre da, Freundschaft, Heiterkeit und ein sonniger Sonntag am Strand obendrein. Gewiss würden Sie sich über diesen Glücksmoment freuen, ja – man könnte annehmen, dass Ihnen wohlig zumute wäre, Sie sich vielleicht im Sand ausstrecken und innerlich loslassen würden. Auf jeden Fall könnten Sie in so einem Moment zufrieden sein und denken: »Wie schön!«

Würden Sie das aber wirklich denken? Wären Sie wirklich zufrieden?

Vielleicht – aber vielleicht auch nicht. Bedauerlicherweise reagieren wir Menschen nicht automatisch so. Immer wieder geschieht es uns, dass wir in Glücksmomenten alles andere denken als »wie schön«. Leider kann es vorkommen, dass wir, statt entspannt in der Sonne zu liegen, mit verkrampften Schultern im Sand sitzen und über dem Problem, das morgen auf uns wartet, brüten. Mit anderen Worten: Bedauerlicherweise sind wir in Glücksmomenten immer wieder unachtsam.

Sind wir unachtsam, kann das Glück uns auf die Zehen treten, und doch spüren wir es nicht, denn wir befinden uns nicht hier, im gegenwärtigen Moment, sondern irgendwo in der Zukunft oder in der Vergangenheit. Wir sind unfähig wahrzunehmen, was uns das Hier und Jetzt anbietet.

Sind wir unachtsam, kann das Glück direkt vor uns stehen, aber wir übersehen es trotzdem – wir sind zerstreut, abgelenkt und nicht bei der Sache, mit allem anderen beschäftigt als mit dem, was ist. Statt zufrieden zu sein mit unserem Glücksmoment, wünschen oder sehnen wir etwas herbei, machen wir Pläne, sorgen wir uns oder bereuen etwas.

Die Konsequenzen, die Unachtsamkeit in Bezug auf das Zufriedensein mit den Glücksmomenten hat, liegen auf der Hand: Was wir nicht wahrnehmen, können wir weder schätzen noch würdigen, noch uns darüber freuen, noch es genießen, noch damit zufrieden sein.

Sich Glück nicht gönnen

Kein Mensch kann sich wohl fühlen,
wenn er sich nicht selbst akzeptiert.

Mark Twain

Als Nächstes wird eine Reaktion auf Glücksmomente betrachtet, die sich von der Vorherigen wesentlich unterscheidet. Und zwar handelt es sich um die Haltung, bei der man das Glück durchaus wahrnimmt – es aber trotzdem nicht zulässt.

Zu meinen, Glück nicht zu verdienen

Wir erlauben uns manchmal nicht, das Glück anzunehmen. Wir weisen die Möglichkeit, glücklich zu sein, ab. Dies liegt nicht daran, dass uns das Glück nicht gefallen würde, im Gegenteil: Wir wünschen uns nichts sehnlicher, als glücklich zu sein. Nein, wen wir unannehmbar finden, ist der Empfänger des Glücks – wir selbst missfallen uns. Uns selbst halten wir für nicht gut genug.

Lassen Sie mich diese Tendenz, uns selbst abzuwerten, anhand einiger typischer Äußerungen veranschaulichen. Hören Sie, was geschieht, wenn Glück eintrifft:

Man macht uns ein Geschenk und wir sagen: »Womit habe ich das verdient?«

Man macht uns ein Kompliment zu unserer äußeren Erscheinung, und wir fügen gleich an: »Aber meine Beine sind immer noch zu dick.«

Man gratuliert uns zu unserem Erfolg, und wir winken ab: »Das ist doch nichts Besonderes. Das könnte jeder.«

Man erklärt uns: »Ich liebe dich«, und wir fragen: »Bist du sicher?«

All diese Äußerungen drücken aus, wie schwer es uns fällt, Lob, Komplimente und Nettigkeiten anzunehmen. Bewusst oder unbewusst glauben wir, dass wir ihrer nicht wert seien. »Was in aller Welt könnte jemand an mir finden?«, denken wir. Oder: »Wenn sie wüssten, wie ich wirklich bin, dann würden sie mich nicht lieben/loben/beschenken.« »Ich hätte es noch besser machen müssen«, werfen wir uns vor, »mein Fehler ist unverzeihlich.«

Wir meinen, dass wir nicht gut genug sind, um etwas Gutes erhalten zu dürfen. Dazu müssten wir perfekt sein, keine Schwächen haben und keine Fehler machen. Erst dann, so glauben wir, haben wir das Recht, Lob anzunehmen, Liebe zuzulassen und Erfolg zu verbuchen.

Genauso wenig glauben wir natürlich, dass wir Glück verdient haben. Wenn es uns aufsucht, haben wir gleich ein schlechtes Gewissen, denn in Wirklichkeit sind wir ja hässlich, dumm, voller Fehler, also ganz bestimmt nicht liebenswert. Deshalb, ziehen wir den Schluss, dürfen wir uns das Glück nicht gönnen.

Zu meinen, dem Glück entsagen zu müssen

Der bewusste oder auch unbewusste Beschluss, uns selbst gegenüber keine Gunst walten zu lassen, lässt uns das Glück abweisen und uns letztlich den Genuss versagen. Diese Entsagung indessen kostet uns einiges. Obschon wir oft nicht anders können, fällt uns die Selbstkasteiung nicht leicht. Sie schmerzt, ja, wir empfinden es als eine Kränkung, dass andere erhalten, was wir uns verbieten. Zudem lässt sie uns neidisch werden. Wenn wir zusehen müssen, wie die anderen sich unbefangen nehmen, was wir uns nicht zu ergreifen getrauen, lässt sich Neid kaum vermeiden, und leicht geschieht es, dass wir ihnen den Genuss missgönnen.

Oftmals versuchen wir den Schmerz über unsere Kränkung zu lindern, indem wir aus der Not eine Tugend machen und unsere Entsagung zu einer moralisch wertvollen Tat erhöhen. Unsere eigene Gehemmtheit erheben wir zum Ausdruck von Bescheidenheit und Anspruchslosigkeit, und das ungehemmte Genießen der anderen bewerten wir als einen Ausdruck von Egoismus und Gier. Dies erlaubt uns, ideologisch über sie zu triumphieren, und so haben wir wenigstens den Trost einer moralischen Überlegenheit.

Leider ist dieser Trost jedoch ein falscher Trost. Wie wir es auch drehen und wenden – in Wirklichkeit ist unsere Verzichtsbereitschaft der Ausdruck einer mangelnden Selbstliebe sowie eines schwach entwickelten Selbstbewusstseins. Unsere Kasteiung ist keine Tugend, sondern ein liebloser Akt uns selbst gegenüber. Unsere Bescheidenheit ist nicht moralisch großartig, sondern menschlich tragisch. Uns dem Glück zu verschließen macht uns nicht zum tugendhafteren Menschen, sondern zum enttäuschten, neidvollen, verbitterten.

Es muss wohl kaum eigens erwähnt werden, dass uns so das Zufriedensein verwehrt bleibt. Uns selbst verachtend, erleben wir Enttäuschung und Schmerzen. Uns den Genuss versagend, empfinden wir Kränkung und Neid. Nicht freudvoll werden wir mit unserem Glück, und zufrieden schon gar nicht.

Praktischer Tipp

Zur Stärkung des Selbstbewusstseins und zur Förderung der Bereitschaft, sich Glück zu gönnen

Gerade wenn es sich um mangelnde Selbstliebe und Achtung handelt, sind die negativen Denkmuster tief verankert, und das negative Selbstbild ist in Stein gehauen. Die hier aufgelisteten Affirmationen helfen, die gewohnten Gedanken und Urteile, die vor der Selbstliebe und der Annahme des Glücks stehen, zu lockern, aufzuweichen und in eine positive Richtung zu bewegen.

Zur Anwendung der Affirmationen

Eine Veränderung des Selbstbewusstseins braucht Zeit, Geduld und die nötige Entschlossenheit, sich von der Selbstabwertung zu lösen. Gönnen Sie sich deshalb so viel Ermunterung wie möglich: Sprechen Sie sich einmal täglich mit einer passenden Affirmation Mut zu. Setzen Sie diese zudem immer dann ein, wenn Sie wahrnehmen, dass Sie sich das Glück nicht gönnen.

- Ich darf glücklich sein.
- Ich bin liebenswert.
- Ich liebe mich so, wie ich bin.
- Ich erlaube mir, Raum einzunehmen.
- Ich nehme meine Bedürfnisse ernst.
- Liebe und Zufriedenheit bestimmen meinen Alltag.
- Ich stehe gerade und aufrecht.
- Mein Herz ist voller Dankbarkeit.
- Ich fasse den Entschluss, mir mein Glück zu gönnen.

11 Dem Glück im Weg stehen

Vom Drang befall'ne Wesen müssen lange Zeit,
Wie Hasen in der Schlinge, dulden schweres Leid.

DHAMMAPADA, VERS 342

In diesem Kapitel kommen wiederum verschiedene Reaktionen auf das Glück zur Sprache, die bewirken, dass wir Zufriedenheit verlieren. Diesmal handelt es sich um solche, die ihre Wurzeln im Begehren haben.

Haltungen, die von Begehren gespeist werden, sind die Quelle von Unglück und Unheil. Sei es der Wunsch nach Besserem, sei es das Bedürfnis nach Dauer oder der Drang nach mehr – das Begehren in all seinen Ausdrucksformen macht unglücklich, kann Schaden anrichten und führt ganz bestimmt nicht zu Zufriedenheit.

Anhaften

Nicht im Begehren liegt Glück,
sondern im Lassen.

MAX LADNER

Es gibt Situationen, in denen wir das Glück durchaus wahrnehmen, es zugleich schätzen und uns freuen, das Zufriedensein aber trotzdem verpassen. Wir klammern uns an den Glücksmoment. Wir wollen unser Glück nicht loslassen, nein, wir wollen es behalten. Auf ewig! Es soll nie mehr aufhören! Indem wir es aber nicht loslassen wollen, verscherzen wir uns die Möglichkeit, zufrieden zu sein. Um eine anhaftende Reaktion und ihre Konsequenzen zu veranschaulichen, schildere ich Ihnen ein Beispiel aus meiner eigenen Erfahrung.

Meine Tante mütterlicherseits war kinderlos geblieben, was zur Folge hatte, dass sie sich intensiv um ihre Neffen und Nichten kümmerte. So lud sie zum Beispiel meinen Bruder und mich jeden Sommer ein, mit ihr zwei Wochen in einem Ferienhaus zu verbringen.

In der ersten Woche lief alles immer gut – die Tante war in Höchstform. Endlich war es so weit: Sie hatte uns für sich, sie konnte uns hätscheln und mit uns spielen und uns Geschichten vorlesen zum Einschlafen. Sie sprudelte vor Ideen, war lustig und vergnügt. Je näher es aber auf das Ende der Ferien zuging, desto mehr nahm ihre Fröhlichkeit ab. Der Abschied von uns hing wie eine dunkle Wolke über ihr. Sie wurde immer bedrückter und trauriger, mit uns zu spielen machte ihr keine Freude mehr, und nurmehr unter Tränen konnte sie uns vorlesen. Und so waren die letzten Tage mit unserer Tante jedes Jahr eine Qual, und mein Bruder und ich waren immer froh, wenn sie endlich vorbei waren.

Wieso sich dieses Drama abspielte, war mir als Kind nicht klar. Erst als Erwachsene verstand ich den Grund dafür.

Meine Tante hatte sich an die glückliche Zeit, die sie mit uns Kindern verbringen konnte, geklammert. Sie wollte nicht, dass sie zu Ende ginge. Deshalb nahm ihr der Gedanke an den herannahenden Abschied die Freude. Und deshalb musste sie sich grämen, konnte sie nicht jeden Tag genießen. Deshalb gelang es ihr nicht, mit der ihr zustehenden Zeit zufrieden zu sein.

Eine klammernde Haltung hat traurige Folgen. Wenn man etwas festzuhalten versucht, das vergänglich ist, sind Frustration und Enttäuschung unausweichlich. Ja, sträubt man sich gegen die Vergänglichkeit des Glücks und kann es nicht loslassen, wird man nicht nur enttäuscht, wenn es vorbei ist, man trauert ihm zudem nach. Man wird von Sehnsucht geplagt und vom Wunsch, der Glücksmoment möge wiederkommen. Man rackert sich ab mit dem vergeblichen Versuch, ihn noch einmal zu erleben.

Es würde uns viel Kummer ersparen, würden wir Glücksmomente loslassen. Gerade das aber ist nicht einfach. Wie bei meiner Tante, kommt bei uns allen sehr schnell der Wunsch auf, einen glücklichen Zustand halten zu wollen. Mächtig ist der Drang, Angenehmes zu besitzen. Groß ist der Widerstand gegen das Loslassen. Schwer tragen wir an der Vergänglichkeit.

Und doch – wenn es uns gelingt, die Vergänglichkeit anzunehmen; wenn wir den Widerstand auflösen und das Glück wieder loslassen können, dann sind wir fähig, das, was ist, zu schätzen. Dann freuen wir uns, dass der glückliche Moment da ist. Wir genießen das Schöne, das er uns schenkt. Und wenn er vergangen ist, wissen wir, dass wir ihn nicht verpasst haben. Wir haben das Beste daraus gemacht. Wir haben das Glück, das uns zugefallen ist, wirklich ausgekostet.

Wunschvorstellungen

Die Welt wäre schöner, wünschte man sich nicht,
dass sie schöner wäre.

Wolfgang J. Reus

Manchmal liegt die Gefahr, die Zufriedenheit zu verlieren, nicht im Klammern am Glücksmoment, sondern im Gegenteil darin, ihn für nicht gut genug zu befinden. Wir sind nicht zufrieden mit dem, was das Glück uns schenkt, sondern wir finden, es sollte mehr bieten. Wir stellen also Ansprüche an unseren Glücksmoment. Erfüllt er uns diese nicht, beklagen wir uns. In diesen Fällen liegt das Problem nicht in unserer Unfähigkeit loszulassen, sondern darin, dass wir es nicht lassen können, Forderungen an das Glück zu stellen.

Um dieses Problem aufzurollen, lasse ich als Erstes eine typisch anspruchsvolle Haltung in den folgenden Gesprächsfetzen zu Wort kommen:

»Guck mal, welche tolle Aussicht!« – »Wenn es nicht so dunstig wäre, könnte man die Berge noch besser sehen.«

»Dieser Wein schmeckt köstlich, nicht wahr!« – »Ja, aber er sollte ein wenig kühler serviert werden.«

»Welch herrlicher Sommertag!« – »Wenn nur diese Mücken nicht wären.«

»Du Glückliche! Fährst für zwei Wochen in die Ferien!« – »Na ja, ich hätte eigentlich lieber drei.«

»Deine Tochter ist wirklich nett.« – »Wenn sie sich in der Schule mehr Mühe geben würde.«

»Dieser Strand ist traumhaft.« – »Für meinen Geschmack könnten ein paar Palmen mehr da sein.«

Und so weiter und so fort. Sie haben die Stimme der anspruchsvollen Haltung bestimmt heraushören können.

»Ja aber«, sagt sie immer wieder. »Wenn nur«, »wäre es«, »hätte ich«. Was ist, ist nicht gut genug. Man will etwas anderes – man will mehr hiervon, weniger davon; hätte es lieber heißer, kälter, intensiver, ruhiger. Etwas stört, ist zu sehr das, ist zu wenig dies. Statt sich zu freuen über das, was man hat, beklagt man, was man nicht hat. Statt, kurz gesagt, mit dem Glücksmoment zufrieden zu sein, meckert man.

Meckern wir über den Glücksmoment, so ist dies ein Ausdruck davon, dass wir die Wirklichkeit nicht zulassen können, wie sie ist, sondern sie so wollen, wie wir sie uns wünschen. Gemäß unserer Wunschvorstellung sollte der Glücksmoment anders sein – wir haben zum Beispiel den Anspruch, dass er mit unseren Bedürfnissen und Vorlieben genau übereinstimmt. Oder wir erwarten, dass er perfekt sei, ideal, hundertprozentig. Und natürlich wollen wir nur das Allerbeste: Erstklassiges, Top-Aussehendes, Super-Schmeckendes, das Neuste, Edelste, Frischste.

Fällt uns jedoch kein erstklassiges, perfektes und hundertprozentiges Glück zu, fangen wir an zu nörgeln. Das Zweitbeste, kritisieren wir, ist nicht gut genug. Stimmt die Wirklichkeit nicht mit unserer Vorstellung überein – was natürlich oftmals geschieht –, lassen wir nicht etwa von den Wünschen und Ansprüchen ab, nein, wir kritisieren dafür den Glücksmoment und werten ihn ab: Zu wenig ist er uns. Nicht gut genug ist uns das Glück.

Doch lässt uns eine solche Abwertung glücklich sein? Können wir mit unserem Glück zufrieden sein, wenn es uns nicht gut genug scheint?

Wir können es offensichtlich nicht. Da wir nicht schätzen, was wir erhalten, kann es uns auch keine Freude bringen. Da wir uns etwas anderes wünschen, als wir haben, werden wir enttäuscht. So bleiben wir schließlich – trotz unseres Glücks, trotz der Möglichkeit, zufrieden zu sein – frustriert.

Gier

Die Last der Menschheit ist die Lust am mehr.

Klaus Klages

Die letzte problematische Reaktion auf Glück, die hier untersucht werden soll, hat weder damit zu tun, dass wir Angenehmes nicht schätzen, noch dass wir es nicht genießen. Das Problem liegt im Gegenteil darin, dass wir oft mehr davon wollen, ja, wir nicht genug kriegen können – dass wir, mit anderen Worten, gierig sind.

Lassen Sie mich hierzu von Anfang an klarstellen: Begehren zu haben und gierig zu sein, das lässt sich nicht vermeiden. Gier ist uns Menschen eigen. Ja, »als ›Lebenslust‹ oder ›Lebenswille‹ ist sie der Grundantrieb der Existenz.«[20]

Gier ist die innere Kraft, die uns dazu treibt, unsere Bedürfnisse zu befriedigen. Wann immer ein Mangelzustand besteht, wir zum Beispiel Hunger haben oder Durst, drängt es uns, zu essen oder zu trinken, um den Mangel aufzuheben. Wann immer uns etwas angenehm und begehrenswert erscheint, neigen wir dazu, es zu ergreifen, zu besitzen und uns einzuverleiben.

Diese innere Triebkraft, dieses mächtige Drängen, Bedürfnisse und Lust zu befriedigen, ist für unser Überleben notwendig. Gleichzeitig aber bereitet diese begehrende Energie uns ständig Schwierigkeiten aller Art.

So ist es nicht erstaunlich, dass die Gier uns auch im Zusammenhang mit der Zufriedenheit Probleme macht – und zwar einige!

Zum Ersten lässt sie uns nicht zufrieden sein mit dem, was wir haben. Sie stößt und zerrt an uns und treibt uns dazu, uns mehr zu holen. Das aber lässt uns die Zufriedenheit verlieren, die wir schon besitzen.

Weiterhin können wir, wenn wir gierig sind, nicht wirklich genießen, was wir an Angenehmem besitzen. Denn statt es mit allen Sinnen bewusst zu erleben, es echt zu spüren und zu kosten, schlingen und stopfen wir es in uns hinein, und so bleibt der Genuss letztlich schal.

Schließlich können wir es mit dem Genießen auch zu weit treiben. Ja, sogar so weit, dass wir uns zukünftiges Zufriedensein verbauen.

Da die Gier offensichtlich eine Bedrohung unserer Zufriedenheit darstellt, soll die ihr innewohnende Gefahr im Folgenden deutlich sichtbar gemacht werden.

Noch mehr

Nichts genügt dem, welchem genug zu wenig ist.

Epikur von Samos

Da Gier eine Energie ist, die begehrt, die will, die unersättlich weitertreibt, lässt sie uns nie genug haben. Obschon das, was wir haben, eigentlich genügt, ist es uns doch nicht genug. Obschon wir zufrieden sein könnten, drängt es uns danach, das Wohlgefühl zu erhöhen. Gierig zu sein lässt, kurz gesagt, mehr wollen.

Wir alle kennen das Noch-mehr-Wollen nur zu gut – wie oft drängt es uns doch, beispielsweise sinnliche Genüsse zu verlängern und zu vermehren! Sie brauchen sich nur ins Gedächtnis zu rufen, was abläuft, wenn wir etwas Schmackhaftes essen: Wir nehmen einen Bissen, kosten den wunderbaren Geschmack, und schon gelüstet es uns nach mehr.

Mehr zu wollen kennen Sie bestimmt auch im Zusammenhang mit dem Konsum von materiellen Dingen: Da laufen wir an einem Schaufenster vorbei, und etwas Tolles zieht unseren Blick an. Eine raffiniert geschnittene, elegante Bluse, zum Beispiel, oder das brandneue Modell eines elektronischen Navigationsgerätes. Dieser Anblick stachelt unser Begehren an – in unserer Vorstellung tragen wir die Bluse zu einem Fest und erregen darin Aufsehen; in unserer Vorstellung profitieren wir von den technischen Vorteilen des Geräts, und andere beneiden uns darum. Obschon wir weder eine weitere Bluse noch ein neues Gerät wirklich brauchen, entsteht das Bedürfnis, diese Dinge zu besitzen – ein Bedürfnis, von dem vor fünf Minuten noch keine Spur vorhanden war! Doch jetzt, da das Begehren entfacht ist – jetzt juckt es uns, in den Laden einzutreten und den Gegenstand des Begehrens zu kaufen.

Weiterzugehen, nicht in den Laden zu treten, dem Drang zu widerstehen, das fällt uns mitunter schwer. Und manchmal gelingt es uns eben nicht, und wir erliegen dem Drang – schließlich sind wir Menschen. Trotzdem: Diese menschliche Schwäche kann uns teuer zu stehen kommen, im wahrsten Sinne des Wortes. Zudem macht sie uns verführbar.

Diese Verführbarkeit nun bleibt nicht unbeachtet – nein, genau sie ist es, die von der Werbung geschickt angestachelt und ausgenutzt wird. Die Werbung macht uns weis, dass das, was wir haben, nicht genug sei. Sie flüstert uns Bedürfnisse ein. Sie gaukelt uns vor, dass wir mit diesem oder jenem Produkt noch zufriedener werden könnten, dass genau dieses Produkt uns wirklich befriedigen kann.

Ob unser Begehren von der Werbung angestachelt oder von etwas anderem angeregt wurde; sei es Materielles, Sinnliches oder Emotionales, das wir begehren und wovon wir mehr wollen – die Folgen unserer Gier sind gleich.

Das Begehren bringt Unruhe. Es löst Gefühle der Bedürftigkeit aus. Wir verlieren unsere Genügsamkeit und sind ständig auf der Suche. Wir haben einen Durst, der sich nie stillen lässt. Zudem entstehen Frustration und Ärger, wenn der Befriedigung etwas im Wege steht oder sie unmöglich ist. Hass auf diejenigen kommt auf, die uns am Genuss hindern oder mit uns auf der Jagd nach dem Gierobjekt im Wettbewerb stehen.

Kurz gesagt – der Drang nach mehr bringt uns viel Unangenehmes und viel Unzufriedenheit.

Zu viel des Guten

> *Jählings neigt sich der Genuss zum Schmerz,*
> *wenn er nicht Maß gehalten hat.*
>
> SENECA

Obschon, wie zu Anfang festgestellt wurde, die Gier in uns angelegt ist, bedeutet das nicht, dass wir ihr hilflos ausgesetzt sind. Wir haben zwar keine Kontrolle darüber, dass sie existiert, aber wie wir mit ihr umgehen – darüber haben wir sehr wohl Kontrollmöglichkeiten.

Wir können zum Beispiel auf gierige Impulse nicht eingehen. Wir müssen ein Bedürfnis nicht befriedigen. Wir können Begehren schon im Keim ersticken. Wir können Versuchungen aus dem Wege gehen. Ja, wir haben die Macht, Gier nicht auszuleben.

Nehmen wir jedoch diese Macht nicht wahr; sind wir nicht gewillt, den gierigen Drang zu kontrollieren und uns, wenn nötig, zu stoppen, bevor wir ihm nachgeben, so kann das schlimme Folgen haben.

Wir wissen, was geschieht, wenn wir uns nicht bremsen und zum Beispiel zu viel Alkohol trinken, zu viel Süßes schlecken, zu lange in der Sonne liegen. Wir wissen, dass zu viel des Guten uns schaden kann. Ja, die Gier nicht im Zaum zu halten, ist gefährlich.

Wenn wir Gier nicht zügeln, kann sie anschwellen und uns überwältigen. Wir laufen Gefahr, maßlos zu werden, die Kontrolle völlig zu verlieren. Wir beginnen zu übertreiben. Wir berauschen uns, feiern Exzesse. Wir hören auf, mögliche Folgen unseres Verhaltens zu berücksichtigen, wir überschreiten Grenzen.

Und so kann ungebremste Gier uns das Leben selbst kosten. Wer kennt nicht die tragischen Geschichten von drogensüchtigen Menschen? Von Menschen, die im Geschwindigkeitsrausch einen tödlichen Unfall verursachten? Die im Gipfelfieber abstürzten?

Ungezügelte Gier hat nicht nur verheerende Folgen für die

eigene Person, sie trägt im gleichen Maße Zerstörung in die Welt. Betrügereien und Lügereien werden im Dienste der Habgier begangen. Unzählige Menschenleben werden der Machtgier geopfert. Aus Sinnesgier wird Missbrauch betrieben, gequält und vergewaltigt.

Die Aufzählung der Missetaten und der Leiden könnte noch fortgeführt werden. Doch ist bestimmt jetzt schon klar: Ungezügelte Gier bringt unzählige Leiden – für uns und für andere.

So möchte ich Ihnen zum Schluss ans Herz legen: Die eigene Gier muss man scharf im Auge behalten. Ihre Folgen können derart schwerwiegend sein, sie kann so großen Schaden anrichten, dass Glück wie Zufriedensein für lange Zeit verunmöglicht werden.

Praktische Tipps

Zum Umgang mit Gier

Nehmen Sie Ihren Drang zum »Mehr-Wollen« nicht auf die leichte Schulter. Nehmen Sie es ernst, die Gier zu kontrollieren. Setzen Sie Ihre Achtsamkeit ein,

- um die Momente zu erkennen, in denen der Drang sich meldet.
- um in diesen Momenten innehalten zu können, bevor Sie dem Drang nachgeben.
- um Verlockungen zu erkennen.
- um diesen, wenn möglich, aus dem Weg zu gehen oder sie von sich fernzuhalten.

Wenn Sie feststellen, dass Begehren sich regt und aufsteigt, dass der Drang angestachelt ist, fragen Sie sich:

- Brauche ich das, was ich begehre, wirklich?
- Welche Folgen wird ein Nachgeben mit sich bringen? Sind Sie mir und anderen hilfreich und förderlich? Bringen sie Wohl? Oder ist die Wirkung meines Nachgebens schädlich und bringt Leiden?

Entscheiden Sie sich dazu, auf die Befriedigung Ihres Begehrens zu verzichten, wenn die Folgen unheilsam sind.

12 Ausblick – Glücklich sein und bleiben

Glück ist Talent für das Schicksal.

Novalis

Sie sind nun am Ende dieses Buches angelangt, liebe Leserinnen und liebe Leser. Über hundertfünfzig Seiten haben Sie sich Ihrem eigenen Glück gewidmet, sich Zeit genommen für Ihre eigene Zufriedenheit. Damit haben Sie sich und anderen einen guten Dienst erwiesen: Sie haben Ihre Fähigkeit zum Glücklichsein gefördert.

Sie haben sich im Verlauf der Lektüre mit der wahren Natur des Glücks auseinandergesetzt und den Weg zur Zufriedenheit kennengelernt. Sie haben Ihren eigenen Einfluss auf das Zufriedensein erkannt und können die Welt aus einer wissensklaren Warte heraus betrachten. Sie haben den Samen fürs Zufriedensein gesät.

Da Sie dieses Buch daran erinnert hat, welche Bedingungen der Samen zum Keimen braucht, und auch daran, welche Geisteshaltungen ihn verkümmern lassen, sind Sie jetzt, nach der Lektüre, eine bessere Gärtnerin oder ein besserer Gärtner. So wird Ihre Zufriedenheit wachsen und blühen. Und wenn Sie Ihren Garten weiterhin hegen, erwartet Sie eine reiche Ernte. Sie geben sich die beste Chance, Glück zu erleben und Leiden zu vermeiden.

Wenn Sie häufiger lächeln, werden Sie sich öfter heiter fühlen. Sind Sie nett und großzügig zu Ihren Mitmenschen, so wird Ihnen Liebevolles geschenkt. Hören Sie auf damit, sich oder andere abzuwerten, vermeiden Sie Spannungen. Sehen Sie von gierigen und unfriedlichen Haltungen ab, verhindern Sie Schädigendes und Leidhaftes. Genießen Sie das Gute, vermehren Sie die Freude auf der Welt.

Sie haben eine Lebenskunst gemeistert – Sie können glücklich sein und bleiben!

Zufrieden sein – große Kunst
Zufrieden scheinen – bloßer Dunst
Zufrieden werden – großes Glück
Zufrieden bleiben – Meisterstück

Mehemed Ali Pascha

Anmerkungen

1 Die vier Anstrengungen: 1. Zur Vermeidung des Entstehens von Üblem und Unheilsamem; 2. zur Überwindung von vorhandenem Üblen und Unheilsamen; 3. Zur Erweckung von Gutem und Heilsamem; 4. Zur Erhaltung von vorhandenem Gutem und Heilsamem.
2 Ladner, Max, *Wirklichkeit und Erlösung*, S. 17.
3 Woll, Alfred, »Das Ändern von Gewohnheitsmustern«, In: *Lesebuch Buddhismus*, S. 104.
4 Schmidt, Kurt, *Buddhas Reden*, S. 38.
5 Thich Nhat Hanh, *Unsere Verabredung mit dem Leben*, S. 53.
6 Ayya Khema, *Buddha ohne Geheimnis*, S. 165.
7 Ayya Khema, *Sei dir selbst eine Insel*, S. 56/57.
8 A. a. O., S. 118.
9 A. a. O., S. 120.
10 Die vier erhabenen Geisteszustände: Güte (*mettā*), Mitleid (*karunā*), Mitfreude (*muditā*), Gleichmut (*upekkhā*).
11 Sri Gnanawimala Maha Thero, *Das Licht der Lehre*, Bearbeitung durch die Autorin.
12 A. a. O.
13 A. a. O.
14 A. a. O.
15 A. a. O.
16 *Suttanipāta* 811, übersetzt von Kurt Schmidt, *Sprüche und Lieder*, Buddhistische Handbibliothek, Verlag Christiani, Konstanz, 1954, S. 87.
17 Chia Mantak, *Tao Yoga des Heilens*, S. 23 ff. Übung von der Autorin adaptiert.
18 Nacherzählt, »Schneekönigin« von Hans Christian Andersen.
19 Wilhelm Busch, *Kritik des Herzens*, in: *Das goldene Wilhelm-Busch-Album*, S. 305.
20 Nyanaponika, *Die Wurzeln von Gut und Böse*, S. 45.

Literatur

Ajahn Chah: *Erfahrbare Freiheit.* Dhammapala Verlag, Kandersteg, 1995.

Ayya Khema: *Buddha ohne Geheimnis. Die Lehre für den Alltag.* 5. Auflage, Theseus Verlag, Berlin, 1995.

Ayya Khema: *Ohne mich ist das Leben ganz einfach. Der Weg des Buddhas zur vollkommenen Freiheit.* Aurum Verlag, Braunschweig, 1994.

Ayya Khema: *Sei dir selbst eine Insel. Wege zur Emanzipation des Geistes.* 3. Auflage, Theseus Verlag, Zürich – München, 1993.

Boorstein, Sylvia: *Buddha oder Die Lust am Alltäglichen.* O. W. Barth Verlag, Bern – München – Wien, 1996.

Bullen, Leonard A.: *Lebensleiter. Ein Jahresprogramm zur Selbstfindung auf buddhistischer Grundlage.* Octopus Verlag, Wien, 1991.

Chia Mantak: *Das Tao Yoga des Heilens.* Ansata Verlag, Interlaken, 1987.

Dalai Lama/Cutler, Howard C.: *Die Regeln des Glücks.* 11. Auflage, Bastei-Lübbe Taschenbücher, Bergisch-Gladbach, 2004.

Das goldene Wilhelm-Busch-Album. Mit einer Einleitung und einem Nachwort von Dr. Friedrich Bohne. 23. Auflage, Fackelträger-Verlag, Hannover, 2000.

Goleman, Daniel (Hrsg.): *Die heilende Kraft der Gefühle. Gespräche mit dem Dalai Lama.* Deutscher Taschenbuch Verlag, München, 2000.

Ladner, Max: *Wirklichkeit und Erlösung. Eine Welt- und Innenschau im Geiste des Buddha.* Verlag Christiani, Konstanz, 1952.

Lama Anagarika Govinda: *Buddhistische Reflexionen. Über die Bedeutung des Buddhismus für den Westen.* Fischer Taschenbuch Verlag, Frankfurt am Main, 1990.

Lesebuch Buddhismus, Aurum Verlag, Braunschweig, 1994.

Lotusblätter, Zeitschrift für Buddhismus, 2-2001.

Lotusblätter, Zeitschrift für Buddhismus, 2-2003.

Nyanaponika: *Die Wurzeln von Gut und Böse. Buddhistische Texte.* Buddhistische Handbibliothek/11, Verlag Christiani, Konstanz, 1981.

Nyanaponika: *Im Lichte des Dhamma. Buddhistische Texte.* Verlag Christiani, Konstanz, 1989.

Schmidt, Kurt: *Buddhas Reden.* Rowohlt Verlag, Reinbek bei Hamburg, 1961.

Stone, Hal und Sidra: *Du bist richtig. Mit der Voice-Dialogue-Methode den inneren Kritiker zum Freund gewinnen.* Heyne Verlag, München, 2002.

Thich Nhat Hanh: *Das Sutra des Bewussten Atmens. Kommentare zu dem Anapanasati Sutra.* Theseus Verlag, Zürich, 1988.

Thich Nhat Hanh: *Unsere Verabredung mit dem Leben. Buddhas Lehre vom Leben im gegenwärtigen Augenblick.* Theseus Verlag, Zürich – München, 1991.

Titel in englischer Sprache:

Ajahn Sumedho: *Intuitive Awareness.* Amaravati Publications, Hemel Hempstead, 2004.

Ajahn Sumedho: *The Four Noble Truths.* Amaravati Publications, Hemel Hempstead, 1992.

Ajahn Sumedho: *The Mind and The Way. Buddhist Reflections on Life,* Rider, London, 1996.

De Silva, Padmasiri: *An Introduction to Buddhist Psychology.* Second Edition, Macmillan Academic and Professional Ltd., London, 1991.

Niven, David Ph. D.: *The 100 Simple Secrets of Happy People. What Scientists Have Learned and How You Can Use it.* HarperSanFrancisco, 2000.

Oliver Duncan Joan: *Happiness. How to Find It and Keep It.* Duncan Baird Publishers, London, 2005.

Piyadassi Thera: *The Buddha's Ancient Path,* Rider and Company, 3rd Sri Lankan edition, 1987.

Rahula, Walpola: *What the Buddha Taught.* Gordon Fraser, Bedford, 1972.

Salzberg, Sharon: *Lovingkindness. The Revolutionary Art of Happiness.* Shambhala Publications, Boston & London, 1995.

Tricycle, The Buddhist Review, Fall 2005.

Tricycle, The Buddhist Review, Spring, 2003.

Über die Autorin

Die Schweizerin Jessica Wilker, 1956 geboren, studierte Psychologie an der Universität Bern (Schweiz) und war jahrzehntelang in verschiedenen Bereichen psychologischer Beratung tätig. 1999 siedelte sie nach England über, wo sie an der Universität Bath ein Studium der Religionswissenschaften abschloss. Sie lebt heute in Somerset (England) und ist als freischaffende Referentin und Autorin im Bereich Buddhismus tätig. Ihr besonderes Interesse gilt ethischen Fragen. Jessica Wilker praktiziert seit mehr als zwanzig Jahren Buddhismus und hat bisher drei »Einmaleins«-Bücher veröffentlicht.